Performances bancaires des pays du Moyen-Orient et de l'Afrique du nord

Modélisation de l'efficience et de la productivité des banques

Collection « L'esprit économique »

fondée par Sophie Boutillier et Dimitri Uzunidis en 1996
dirigée par Sophie Boutillier, Blandine Laperche, Dimitri Uzunidis

Si l'apparence des choses se confondait avec leur réalité, toute réflexion, toute Science, toute recherche serait superflue. La collection « L'esprit économique » soulève le débat, textes et images à l'appui, sur la face cachée économique des faits sociaux : rapports de pouvoir, de production et d'échange, innovations organisationnelles, technologiques et financières, espaces globaux et microéconomiques de valorisation et de profit, pensées critiques et novatrices sur le monde en mouvement...
Ces ouvrages s'adressent aux étudiants, aux enseignants, aux chercheurs en sciences économiques, politiques, sociales, juridiques et de gestion, ainsi qu'aux experts d'entreprise et d'administration des institutions.

La collection est divisée en six séries :

Dans la série *Economie et Innovation* sont publiés des ouvrages d'économie industrielle, financière et du travail et de sociologie économique qui mettent l'accent sur les transformations économiques et sociales suite à l'introduction de nouvelles techniques et méthodes de production. L'innovation se confond avec la nouveauté marchande et touche le cœur même des rapports sociaux et de leurs représentations institutionnelles.

La série *Economie formelle* a pour objectif de promouvoir l'analyse des faits économiques contemporains en s'appuyant sur les approches critiques de l'économie telle qu'elle est enseignée et normalisée mondialement. Elle comprend des livres qui s'interrogent sur les choix des acteurs économiques dans une perspective macroéconomique, historique et prospective.

Dans la série *Le Monde en Question* sont publiés des ouvrages d'économie politique traitant des problèmes internationaux. Les économies nationales, le développement, les espaces élargis, ainsi que l'étude des ressorts fondamentaux de l'économie mondiale sont les sujets de prédilection dans le choix des publications.

La série *Krisis* a été créée pour faciliter la lecture historique des problèmes économiques et sociaux d'aujourd'hui liés aux métamorphoses de l'organisation industrielle et du travail. Elle comprend la réédition d'ouvrages anciens, de compilations de textes autour des mêmes questions et des ouvrages d'histoire de la pensée et des faits économiques.

La série *Clichés* a été créée pour fixer les impressions du monde économique. Les ouvrages contiennent photos et texte pour faire ressortir les caractéristiques d'une situation donnée. Le premier thème directeur est : mémoire et actualité du travail et de l'industrie ; le second : histoire et impacts économiques et sociaux des innovations.

La série *Cours Principaux* comprend des ouvrages simples, fondamentaux et/ou spécialisés qui s'adressent aux étudiants en licence et en master en économie, sociologie, droit, et gestion. Son principe de base est l'application du vieil adage chinois : « le plus long voyage commence par le premier pas ».

Soufiane Benbachir

Performances bancaires des pays du Moyen-Orient et de l'Afrique du nord

Modélisation de l'efficience et de la productivité des banques

L'Harmattan

5-7, rue de l'École-Polytechnique ; 75005 Paris

http://www.editions-harmattan.fr/

ISBN : 978-2-336-47724-4
EAN : 9782336477244

Sommaire

Liste des Tableaux

Tableaux du chapitre 4

Liste des figures

Liste des abréviations

Abréviation	Explication
CA	Capital Adequacy (Adéquation du capital)
CCG	Conseil de Coopération du Golfe
CCR	Charnes, Cooper et Rhodes
CES	Constant Elasticity of Substitution (Fonction de production)
CRS	Constant Return Scale
CTE	Constant Return Scale technical Efficiency (Efficience technique sous rendement d'échelle constant)
DDE	Directional Data Envelopment Analysis
DEA	Data Envelopment Analysis (Analyse d'enveloppement de données)
DFA	Distribution Free Approach (Approche de la distribution libre)
DMU	Decision Making Unit
DR	Deposits Ratio (Ratio de dépôts)
EA	Efficience Allocative
EC	Efficience des Coûts
EE	Efficience d'Echelle
ET	Efficience Technique
ETP	Efficience Technique Pure
FDH	Free Disposal Hull
GDPC	Gross Domestic Product per Capital (PIB par habitant)
HHI	Indice de Herfindahl-Hirschman
IR	Inflation Rate (Taux d'inflation)
IREPP	Institut de Recherche et d'Etudes sur les Politiques Publiques
k-NN	k-Nearest Neighbors
LDR	Loans to Deposits Ratio (Ratio prêt/dépôt)
LR	Liquidity Ratio (Ratio de liquidité)
LnSize	Logarithme Népérien de la Taille de la banque
MENA	Moyen-Orient et de l'Afrique du Nord
MPI	Malmquist Productivity Index
NPLR	Non Performing Loans Ratio (Ratio des prêts non performants)
OC	Operating Cost (Charges d'exploitation)
OCDE	Organisation de Coopération et de Développement Economiques
PIB	Produit Intérieur Brut

PL	Programme Linéaire
PNB	Produit Net Bancaire
PTE	Pure Technical Efficiency (Efficience technique pure)
PTEffCh	Changement d'Efficience Technique Pure
PTF	Productivité Totale des Facteurs
RBE	Résultat Brut d'Exploitation
ROA	Return on Assets
ROE	Return on Equity
ROI	Return on Investment (Retour sur investissement)
SECh	Changement d'Efficience d'Echelle
SFA	Stochastic Frontier Analysis
STE	Efficience d'Echelle
SVM	Support Vector Machines
TE	Technical Efficiency (Efficience technique)
TechCh	Changement Technologique
TED	Truncated Data Envelopment Analysis
TEffCh	Changement d'Efficience Technique
TFA	Thick Frontier Approach (Approche de la frontière épaisse)
TFPCh	Changement de Productivité Totale
Translog	Trans-Logarithmique
UR	Unemployement Ratio (Taux de chômage)
VRS	Variable Return Scale
VTE	Variable return scale technical efficiency (Efficience Technique sous Rendement d'Echelle Variable)

Préface

La performance des banques revêt une importance cruciale, en particulier dans des régions économiquement diversifiées comme le Moyen-Orient et l'Afrique du Nord (MENA). Mon ouvrage, « Performances bancaires des pays du Moyen-Orient et de l'Afrique du Nord : Modélisation de l'efficience et de la productivité des banques », est le fruit d'un long parcours de recherche initié lors de ma thèse de doctorat.

Ce livre s'appuie sur ma thèse de doctorat, qui explorait la mesure de l'efficience, de la productivité, et les déterminants de ces aspects dans les banques de la région MENA. Pendant plusieurs années, j'ai étudié en profondeur les dynamiques complexes qui influencent la performance bancaire dans cette région stratégique. Ma thèse était motivée par le besoin de comprendre comment les banques de cette région peuvent optimiser leur efficience et leur productivité malgré des défis économiques et politiques fréquents.

La transformation de ma thèse en un livre visait à rendre mes recherches accessibles à un public plus large, incluant non seulement les chercheurs, mais aussi les professionnels du secteur bancaire, les décideurs politiques, et tous ceux intéressés par le développement économique de la région MENA. Cela a nécessité une synthèse et une simplification des analyses académiques, enrichies par des études empiriques pour une meilleure compréhension.

Ce livre se concentre sur une analyse approfondie de l'efficience, de la productivité et des facteurs déterminants des banques dans la région MENA, utilisant des méthodes analytiques avancées telles que l'Analyse de l'Enveloppement des Données (DEA), l'indice de productivité de Malmquist, et le modèle Tobit. Ces outils permettent d'évaluer l'efficience, les changements de productivité et les facteurs influençant les performances des institutions financières dans cette région.

L'ouvrage est structuré pour guider le lecteur à travers une exploration progressive des concepts et des analyses. Il débute par une introduction théorique à la performance bancaire, suivie par une application pratique des méthodes DEA et Malmquist pour mesurer l'efficience et la productivité. Ensuite, il examine les facteurs spécifiques qui influencent ces mesures dans la région MENA, offrant ainsi une vue d'ensemble complète et nuancée des performances bancaires.

Cet ouvrage apporte une contribution significative à l'étude de l'efficience et de la productivité bancaire dans une région souvent négligée dans la littérature mondiale. La région MENA, avec sa diversité économique et ses défis uniques, offre un cadre idéal pour une analyse détaillée de l'efficience bancaire. Grâce à des méthodes avancées comme la DEA, l'indice de productivité de Malmquist et le modèle Tobit, ce livre explore les facteurs internes et externes déterminants de l'efficience, et propose des recommandations concrètes pour aider les institutions financières à s'adapter à cet environnement complexe et à favoriser le développement durable des économies de la région MENA.

Les insights tirés de cette étude permettent aux banques de mieux comprendre leurs forces et leurs faiblesses, ainsi que les principaux moteurs de leur performance et de leur productivité. Ces informations sont essentielles pour élaborer des stratégies visant à optimiser leur efficience opérationnelle. Par ailleurs, les décideurs politiques et les régulateurs peuvent s'appuyer sur ces analyses pour concevoir des politiques qui soutiennent un système bancaire robuste et adaptable aux spécificités économiques et régionales de la MENA.

Transformer ma thèse en ce livre a été une expérience enrichissante. J'espère que les lecteurs le trouveront aussi instructif et motivant que j'ai trouvé gratifiant de l'écrire. Que vous soyez chercheur, professionnel du secteur bancaire ou décideur, j'aspire à ce que cet ouvrage soit une ressource précieuse et un guide dans l'étude des performances bancaires dans la région MENA.

BENBACHIR Soufiane
Docteur en Sciences de Gestion

Introduction Générale

I. Introduction

Le secteur bancaire joue un rôle essentiel dans le développement économique et financier des pays du Moyen-Orient et de l'Afrique du Nord (MENA). En tant que pilier central de la structure économique de la région et moteur du commerce et du développement, il fournit une source cruciale de financement pour les entreprises et les particuliers, tout en contribuant à la stabilité et à la croissance économique régionale. Dans ce contexte, l'efficience bancaire est devenue un sujet d'intérêt croissant pour les chercheurs, les décideurs politiques et les acteurs de l'industrie. L'étude de l'efficience dans le secteur bancaire revêt une importance cruciale pour les actionnaires, les décideurs politiques, les gestionnaires, les analystes de marché, les investisseurs, les clients et les régulateurs gouvernementaux

Le contexte économique de la région MENA est caractérisé par des défis et des opportunités uniques. La région est confrontée à des changements politiques, sociaux et économiques qui ont des répercussions sur la stabilité financière et la croissance économique. Dans ce contexte, le secteur bancaire doit faire face à des défis tels que la volatilité des marchés financiers, la concurrence accrue, les fluctuations des taux de change, les contraintes réglementaires et les demandes croissantes des clients pour des services financiers innovants.

Afin de relever ces défis et de saisir les opportunités de développement, les banques de la région MENA doivent se concentrer sur leur efficacité opérationnelle et leur performance globale. L'efficience bancaire est un indicateur clé pour évaluer la compétitivité des banques et leur capacité à offrir des services de qualité tout en minimisant les coûts opérationnels. Les banques efficientes sont mieux positionnées pour attirer des clients, gagner des parts de marché et accroître leur rentabilité.

En parallèle, le changement de productivité totale des banques, également connu sous le nom de productivité globale des facteurs, mesure l'évolution de l'efficacité globale de l'ensemble des facteurs de production utilisés par les banques. Cela inclut non seulement les ressources financières, mais aussi les facteurs non financiers tels que le capital humain, la technologie et l'innovation. L'analyse du changement de productivité totale permet de comprendre l'évolution de la performance globale des banques dans le temps, en identifiant les sources de croissance et les inefficacités potentielles.

Outre l'efficience et le changement de productivité totale, il est également essentiel d'identifier les facteurs déterminants de l'efficience bancaire dans les pays du MENA. Comprendre les facteurs internes et externes qui influencent l'efficience des banques est crucial pour identifier les leviers d'amélioration de leur performance. Les déterminants peuvent inclure des variables liées à la gestion, la réglementation, l'environnement économique, la concurrence et la technologie, entre autres. Une meilleure compréhension de ces déterminants permettra aux banques de mettre en place des politiques et des stratégies pour renforcer leur efficience opérationnelle et leur compétitivité.

Ces déterminants sont souvent inclus dans les modèles d'efficience bancaire et font l'objet de multiples études pour mieux comprendre leur impact sur la performance des banques. Il convient de noter que la pertinence des déterminants peut varier selon le contexte économique, régional et institutionnel, et il est donc important d'adapter l'analyse en fonction des caractéristiques spécifiques de chaque marché bancaire étudié.

II. Avantages de l'analyse de l'efficience bancaire

Étudier l'efficience bancaire présente plusieurs avantages, tant pour les acteurs internes du secteur bancaire que pour les parties prenantes externes.

Le premier avantage est l'amélioration de la performance bancaire. En effet, mesurer l'efficience permet aux banques de mettre en place des stratégies et des mesures appropriées pour améliorer leur performance opérationnelle et financière. Cela peut conduire à une meilleure utilisation des ressources, une réduction des coûts, une bonne gestion des risques et une augmentation des bénéfices, renforçant ainsi la stabilité et la compétitivité des banques sur le marché.

Les clients des institutions bancaires bénéficient également de l'interaction avec des banques efficientes, qui proposent des services de haute qualité et des produits financiers attrayants. En améliorant leur efficience, les banques sont en mesure de répondre de manière plus efficace aux besoins de leur clientèle et de proposer des solutions adaptées, ce qui favorise la satisfaction et la fidélité des clients.

L'analyse de l'efficience bancaire offre un avantage supplémentaire en fournissant aux investisseurs les informations nécessaires pour des décisions éclairées. Les investisseurs scrutent la performance et l'efficience des banques avant de prendre des décisions d'investissement, privilégiant souvent les institutions efficientes qui sont perçues comme plus solides et attrayantes. Cette perception peut stimuler l'augmentation des investissements dans le secteur bancaire.

L'efficience des institutions bancaires revêt également une importance capitale dans le développement économique d'un pays. En effet, des banques efficientes sont plus aptes à mobiliser et à allouer de manière efficace les ressources financières, ce qui stimule l'investissement et favorise la croissance économique globale.

Pour les régulateurs et les autorités de supervision, l'analyse de l'efficience bancaire revêt une importance capitale pour évaluer la robustesse du secteur financier et mettre en place les mesures nécessaires pour prévenir les risques systémiques.

Un autre avantage de l'analyse de l'efficience bancaire réside dans sa capacité à stimuler la concurrence sur le marché bancaire en identifiant les domaines où les institutions moins performantes peuvent s'améliorer. Cette approche peut encourager les banques à innover et à adopter des pratiques plus efficaces pour maintenir leur compétitivité.

III. Intérêts de l'analyse du changement de productivité totale dans les banques

L'analyse du changement de productivité totale présente un intérêt majeur aux institutions bancaires dans le contexte économique et financier pour plusieurs raisons. En effet, d'abord la productivité totale des banques mesure l'efficacité globale de leur utilisation des ressources pour générer des résultats. Cela permet de comprendre comment les banques parviennent à maximiser leur production (bénéfices, actifs, etc.) en utilisant efficacement les intrants (travail, capital, etc.). Une augmentation de la productivité totale indique une meilleure utilisation des ressources et une amélioration de l'efficacité opérationnelle.

La mesure du changement de productivité totale permet aux banques d'évaluer leur compétitivité par rapport aux autres acteurs du marché. Celles qui enregistrent une augmentation significative de leur productivité sont plus susceptibles de devenir des concurrents puissants et d'attirer un plus grand nombre de clients et d'investisseurs.

L'analyse du changement de productivité totale permet aussi de repérer les inefficiences internes des banques. Cela permet de mettre en lumière les domaines qui nécessitent des améliorations, que ce soit dans les processus opérationnels, la gestion des ressources humaines, la technologie ou la stratégie commerciale.

D'autre part, en comprenant les facteurs qui contribuent à une augmentation de la productivité totale, les banques peuvent identifier les pratiques et les stratégies gagnantes à adopter. Cela peut inclure des investissements dans de nouvelles technologies, des programmes de formation du personnel, des processus d'innovation ou des partenariats stratégiques.

Un autre avantage de l'analyse du changement de productivité totale est que les décideurs, les investisseurs et les régulateurs peuvent s'appuyer sur les résultats de cette analyse pour prendre des décisions éclairées. Par exemple, les investisseurs peuvent utiliser ces informations pour évaluer la performance des banques dans lesquelles ils envisagent d'investir, tandis que les régulateurs peuvent repérer les banques qui nécessitent une attention particulière pour assurer la stabilité du système financier.

L'analyse du changement de productivité totale a aussi un autre intérêt car il permet de suivre l'évolution des performances des banques au fil du temps. Cela peut aider à évaluer l'efficacité des mesures prises pour améliorer la productivité et identifier les tendances à long terme qui peuvent influencer le secteur bancaire.

IV. Intérêt de l'identification des facteurs déterminants de l'efficience bancaire

IV.1 Facteurs déterminants de l'efficience bancaire

Dans la littérature, plusieurs facteurs déterminants de l'efficience bancaire ont été étudiés et ont fait l'objet d'une récurrence dans les recherches empiriques. Nous décrivons ci-dessous quelques-uns des facteurs déterminants les plus fréquemment examinés.

1. La taille de la banque : Il s'agit de la mesure de la taille totale des actifs d'une banque. Une grande taille de banque est souvent associée à des économies d'échelle et peut affecter positivement l'efficience, en permettant une meilleure répartition des coûts fixes sur une plus grande base d'activités.
2. La capitalisation : La capitalisation d'une banque se réfère à sa capacité à maintenir des niveaux adéquats de capitaux propres pour faire face aux risques. Une banque bien capitalisée est plus susceptible d'être bien gérée et d'avoir une meilleure efficience.

3. La qualité des actifs : Cela concerne la santé du portefeuille de prêts d'une banque, mesurée par le niveau de prêts non performants et les provisions pour pertes sur créances. Une meilleure qualité des actifs est souvent associée à une gestion prudente et à une meilleure efficience.
4. La gestion des coûts : Il s'agit de la capacité de la banque à minimiser ses coûts opérationnels tout en maintenant un niveau de service adéquat. Une gestion efficace des coûts est un facteur clé pour améliorer l'efficience.
5. Le degré de concurrence : Une concurrence accrue sur le marché bancaire peut stimuler les banques à être plus efficientes pour maintenir leur compétitivité.
6. La technologie et l'innovation : L'adoption de technologies avancées et d'innovations peut permettre aux banques d'améliorer leur efficience opérationnelle et leurs services.
7. L'environnement réglementaire : Les règles et réglementations en matière de banque peuvent avoir un impact sur la structure et le fonctionnement des banques, affectant ainsi leur efficience.
8. La gouvernance d'entreprise : Une bonne gouvernance d'entreprise est souvent associée à une meilleure gestion et à une meilleure efficience.
9. Le degré de risque : Le niveau de risque pris par une banque peut influencer son efficience, car un niveau excessif de risque peut entraîner des coûts supplémentaires.
10. La concentration du marché : Un marché bancaire plus concentré peut avoir des implications sur l'efficience, car les banques dominantes peuvent avoir moins d'incitation à être efficientes.
11. La diversification des activités : Une banque qui diversifie ses activités, en offrant une gamme plus large de produits et services financiers, peut potentiellement améliorer son efficience en répartissant les risques et en optimisant l'utilisation de ses ressources.
12. L'efficacité des technologies de l'information : L'efficacité avec laquelle une banque utilise les technologies de l'information et de la communication peut influencer sa productivité et son efficience globale.
13. L'expérience et les compétences du personnel : Les compétences et l'expérience du personnel de la banque peuvent jouer un rôle crucial dans la gestion efficiente des opérations.
14. La qualité de la gestion : Une gestion compétente et efficace peut améliorer les performances globales de la banque.

15. La structure de propriété : La structure de propriété de la banque, qu'elle soit publique ou privée, peut influencer sa performance et son efficience.
16. Le modèle d'affaires : Le modèle d'affaires adopté par une banque, tel que la spécialisation dans certains types de produits ou services, peut affecter son efficience.
17. Les coûts de financement : Le coût de financement de la banque, y compris les taux d'intérêt payés sur les dépôts et emprunts, peut avoir un impact sur ses performances et son efficience.
18. L'accès aux marchés financiers : L'accès aux marchés financiers et aux sources de financement peut affecter la capacité de la banque à optimiser son efficience.
19. La stabilité macroéconomique : L'état général de la macroéconomie, y compris le taux d'inflation, le taux de chômage et la croissance économique, peut également avoir un impact sur l'efficience des banques.

IV.2 Intérêt de l'identification des facteurs déterminants de l'efficience bancaire

L'identification des facteurs déterminants de l'efficience bancaire revêt une importance capitale pour plusieurs raisons. D'abord, en identifiant les déterminants de l'efficience bancaire, on peut mieux comprendre les facteurs clés qui influencent la performance des banques. Cela inclut des aspects tels que la taille de la banque, la structure de propriété, les politiques de gestion, les technologies utilisées, le niveau de compétence du personnel, etc. Cette compréhension est essentielle pour les gestionnaires et les décideurs politiques afin d'optimiser les performances bancaires.

L'étude de l'impact des déterminants de l'efficience bancaire permet aussi aux gestionnaires de se concentrer sur les domaines qui nécessitent des améliorations. Par exemple, si les coûts opérationnels sont un déterminant majeur de l'efficience, la direction peut prendre des mesures pour réduire ces coûts et améliorer l'efficience globale de la banque.

En analysant les déterminants de l'efficience bancaire, il est également possible de comparer les performances des différentes banques. Cela permet de repérer les banques qui sont plus performantes en raison de certains facteurs spécifiques, ce qui peut servir de modèle pour d'autres institutions.

Les décideurs politiques peuvent utiliser les résultats de l'analyse des facteurs déterminants de l'efficience pour évaluer l'efficacité des politiques publiques qui influencent le secteur bancaire. Cela peut aider à identifier les politiques qui encouragent l'efficience et à apporter des ajustements là où c'est nécessaire.

Enfin, une meilleure compréhension des facteurs déterminants de l'efficience bancaire peut contribuer à renforcer la stabilité financière du système bancaire. Les banques plus efficientes sont moins susceptibles de rencontrer des problèmes financiers, ce qui peut avoir des répercussions positives sur l'ensemble du système financier.

V. Objectif général et objectifs spécifiques

V.1 Objectif général

Cet ouvrage poursuit trois objectifs généraux relatifs à la performance des banques dans les pays de la région MENA. Le premier objectif consiste à évaluer l'efficience des banques dans cette région. Le deuxième objectif porte sur la mesure du changement de productivité totale des banques des pays du MENA. Enfin, le troisième objectif vise à identifier les facteurs déterminants de l'efficience bancaire dans cette même région.

V.2 Objectifs spécifiques

Les objectifs spécifiques se répartissent en trois catégories : ceux relatifs à la mesure de l'efficience bancaire, ceux concernant l'évaluation du changement de productivité, et ceux liés à l'identification des déterminants de l'efficience.

Les objectifs spécifiques liés à la mesure de l'efficience bancaire comprennent l'évaluation de l'efficience technique, de l'efficience technique pure et de l'efficience d'échelle des banques, qu'elles soient conventionnelles ou islamiques, dans la région MENA durant la période 2017-2021, en utilisant la méthode d'enveloppement de données communément connue sous le nom Data Envelopment Analysis (DEA).

Les objectifs spécifiques liés à la mesure du changement de productivité visent, d'une part, à évaluer les scores de changement de productivité totale et de ses composantes, notamment le changement d'efficience technique et le changement technologique, des banques de la région MENA au cours des quatre périodes 2017-2018, 2018-2019, 2019-2020 et 2020-2021, en appliquant la méthode DEA-Malmquist. D'autre part, ils visent à décomposer le changement d'efficience technique en changement d'efficience technique pure et en changement d'efficience d'échelle.

Les objectifs spécifiques liés à l'identification des déterminants de l'efficience sont les suivants. Tout d'abord, ils consistent à sélectionner les facteurs internes et externes influençant l'efficience bancaire en se basant sur la littérature existante, tout en prenant en compte la disponibilité des données. Ensuite, ils visent à utiliser les scores d'efficience technique, les scores d'efficience technique pure et les scores d'efficience d'échelle des banques de la région MENA, obtenus grâce à la méthode DEA, comme variables dépendantes pour les régresser sur les facteurs déterminants en appliquant la méthode DEA-Tobit sur la période d'étude 2017-2021.

Pour répondre à ces défis, cet ouvrage s'attache à mener une analyse exhaustive et empirique de l'efficience, du changement de productivité totale et des facteurs influençant l'efficience bancaire dans les pays du MENA. Insérée dans un contexte économique et financier régional en mutation constante, cette étude vise à éclairer les dynamiques du secteur bancaire et à favoriser la stabilité économique ainsi que la prospérité de la région.

VI. Contribution et limites de la recherche

Nous aspirons à ce que cet ouvrage apporte une contribution significative au domaine de l'évaluation de l'efficience bancaire, de la mesure des changements de productivité totale et de l'identification des facteurs internes et externes influençant l'efficience des banques dans les pays de la région MENA.

Les conclusions de cette recherche pourraient modestement enrichir la littérature croissante sur l'efficience dans le secteur bancaire, tout en offrant des orientations aux gestionnaires de banques et aux autorités régulatrices pour l'élaboration de politiques financières visant à améliorer l'efficience du secteur bancaire dans la région MENA.

Les résultats de cette étude pourraient donner aussi des orientations aux décideurs économiques dans la région MENA pour mesurer l'impact de la l'efficience du secteur bancaire sur l'économie et ses implications en matière de politique.

Comme c'est le cas pour toutes les études portant sur la mesure de l'efficience bancaire, notre recherche a rencontré plusieurs limites et défis, notamment :

- La disponibilité des données : Obtenir des données précises et complètes sur les banques peut être un défi, en particulier dans les pays où les informations financières sont moins accessibles ou moins transparentes.

- La sélection des variables : Le choix des variables à inclure dans le modèle de mesure d'efficience peut être complexe et influencer les résultats. Il peut être difficile de déterminer quelles variables sont les plus pertinentes pour évaluer l'efficience bancaire.
- Les problèmes de comparabilité : Les banques opèrent dans des environnements différents et peuvent avoir des structures opérationnelles distinctes. Cela rend la comparaison entre les banques difficile, en particulier pour les banques qui n'ont pas encore adopté les normes comptables internationales.
- L'effet des réglementations : Les réglementations bancaires peuvent varier d'un pays à l'autre et avoir un impact significatif sur l'efficience des banques. La prise en compte de ces réglementations dans les modèles d'efficience peut être un défi.
- Le changement dans le temps : L'efficience des banques peut fluctuer dans le temps en raison de changements dans l'environnement économique, les politiques monétaires ou les facteurs externes. Il est essentiel de prendre en compte ces variations temporelles pour obtenir des résultats précis.
- L'effet de l'endogénéité : Certains déterminants de l'efficience bancaire peuvent être endogènes, c'est-à-dire qu'ils sont influencés par l'efficience elle-même. Cette endogénéité peut biaiser les résultats de la recherche.
- Le choix de la méthode d'évaluation de l'efficience : Il existe différentes méthodes pour évaluer l'efficience bancaire, mesurer les changements de productivité totale et identifier les déterminants de l'efficience, telles que les approches paramétriques et non paramétriques. Le choix de la méthode peut influencer les résultats obtenus.

Malgré ces limites, la recherche sur la mesure des différents aspects de l'efficience bancaire reste essentielle pour comprendre et améliorer les performances des institutions financières, ce qui a un impact significatif sur l'économie globale. En prenant en compte ces défis et en utilisant des approches robustes, les chercheurs peuvent apporter des contributions précieuses au domaine de la gestion bancaire et des politiques financières.

VII. Structuration de l’ouvrage

L'ouvrage est structuré en quatre chapitres, encadrés par une introduction générale et une conclusion générale. Dans le premier chapitre, les concepts généraux sont présentés, accompagnés d'une revue empirique et théorique de la littérature portant sur la question de l’efficience. Le deuxième chapitre aborde la mesure de l’efficience bancaire à travers l'application de la méthode paramétrique Data Envelopment Analysis. Le troisième chapitre est dédié à la mesure des changements de productivité totale et de leurs composantes, en utilisant la méthode DEA-Malmquist. Enfin, le dernier chapitre explore les déterminants internes et externes qui influencent l’efficience bancaire en appliquant la méthode DEA-Tobit.

VIII. Conclusion

En conclusion, la mesure de l'efficience bancaire, l'identification des déterminants de cette efficience, ainsi que l'évaluation du changement de productivité des banques de la région MENA représentent des aspects cruciaux pour comprendre et améliorer les performances du secteur bancaire dans cette région. En combinant des approches méthodologiques rigoureuses telles que l'Analyse par Enveloppement des Données (DEA), la méthode DEA-Malmquist et la méthode DEA-Tobit, cette étude permet non seulement de quantifier l'efficience technique, pure et d'échelle des banques, mais aussi d'identifier les facteurs internes et externes qui influencent ces mesures et d’évaluer les changements de productivité totale.

La méthode DEA, ou Analyse par Enveloppement des Données, est une technique non paramétrique utilisée pour évaluer l'efficience relative des unités décisionnelles, comme les banques, en comparant leurs performances en termes de transformation des intrants en extrants. Elle permet de déterminer quelles banques sont efficientes et lesquelles ne le sont pas, en identifiant les sources potentielles d'inefficience.

La méthode DEA-Malmquist étend cette analyse en mesurant le changement de productivité au fil du temps. Elle permet d'identifier non seulement les changements dans l'efficience technique, mais aussi les progrès technologiques qui influencent la productivité des banques. Cette perspective dynamique est essentielle pour comprendre comment les performances bancaires évoluent et quels facteurs contribuent à ces changements.

La méthode DEA-Tobit, quant à elle, permet de régresser les scores d'efficience obtenus par la méthode DEA sur les facteurs déterminants, tels que les caractéristiques bancaires spécifiques et les conditions économiques environnantes. Cela aide à comprendre l'impact de ces variables explicatives sur l'efficience des banques, offrant ainsi une analyse plus détaillée et permettant d'identifier des leviers d'amélioration possibles.

En résumé, l'utilisation combinée de ces méthodes offre une analyse complète et multidimensionnelle de l'efficience bancaire, de ses déterminants et des changements de productivité. Les résultats obtenus fourniront des insights précieux pour les décideurs et les gestionnaires bancaires, les aidant à formuler des stratégies efficaces pour optimiser les opérations, adapter les structures organisationnelles et améliorer la compétitivité globale des banques dans un environnement économique dynamique et en évolution constante.

Chapitre 1

Concepts généraux et évolution de la performance bancaire

I. Introduction

Dans ce chapitre, notre objectif principal est d'explorer le cadre conceptuel de l'étude concernant divers aspects de l'efficience bancaire et d'examiner les méthodes utilisées pour évaluer cette efficience. Pour ce faire, nous avons divisé ce chapitre en plusieurs sections. Tout d'abord, l'introduction a été abordée dans la première section. Ensuite, dans la deuxième section, nous avons examiné le concept de performance. La troisième section a été consacrée à la discussion des notions d'efficacité et d'efficience. Dans la quatrième section, nous avons passé en revue les techniques et méthodes traditionnelles pour mesurer la performance bancaire. Par la suite, dans la cinquième section, nous avons présenté les nouvelles méthodes d'évaluation de l'efficience. La sixième section a été dédiée aux modèles de mesure des changements de productivité totale comme la méthode DEA-Malmquist et la méthode SFA-Malmquist. Dans la septième section nous avons décrit brièvement le méthode DEA-Tobit d'analyse des déterminants de l'efficience technique. Enfin, dans la dernière section nous avons conclu.

II. Notion de performance

Pour comprendre pleinement la notion de « performance bancaire », il est nécessaire de commencer par expliquer et définir le concept de performance de manière générale. Selon l'étymologie, le terme « performance » remonte au 13ème siècle et dérive de l'ancien français « parformer », ce qui implique l'idée de réalisation ou d'accomplissement. Ce terme a évolué au fil du temps pour englober diverses connotations, notamment celles liées à l'exécution réussie d'une tâche ou d'une action spécifique.

Dans le contexte de la performance bancaire, cette évolution historique du terme est pertinente car elle reflète la complexité des attentes en matière de réussite dans le secteur financier. La performance d'une banque ne se limite pas à la simple réalisation de tâches ou à l'atteinte d'objectifs préétablis. Elle englobe également des aspects tels que la rentabilité, la gestion des risques, la satisfaction client et la conformité réglementaire.

En comprenant cette origine étymologique et l'évolution du concept de performance, nous sommes mieux équipés pour appréhender les multiples dimensions de la performance bancaire dans un contexte moderne. Cela nous permet de reconnaître que la performance d'une banque va au-delà des indicateurs financiers traditionnels pour inclure des éléments tels que la responsabilité sociale, l'innovation et la durabilité. Ainsi, cette définition élargie de la performance bancaire reflète la complexité et la diversité des attentes des parties prenantes dans le secteur financier.

Dans le domaine de la gestion, le terme "performance" est bien plus qu'un simple indicateur ; il est essentiel pour évaluer la santé et la viabilité d'une entreprise. La performance d'une entreprise englobe un large éventail d'éléments, allant de la rentabilité financière à la satisfaction des clients en passant par l'efficacité opérationnelle.

La performance financière d'une entreprise est souvent la première mesure qui vient à l'esprit. Cela inclut des indicateurs tels que le chiffre d'affaires, le bénéfice net, la marge bénéficiaire, le retour sur investissement et d'autres ratios financiers clés. Ces mesures fournissent un aperçu de la capacité de l'entreprise à générer des revenus, à couvrir ses coûts et à dégager des bénéfices pour ses actionnaires.

Cependant, la performance d'une entreprise ne se limite pas à ses résultats financiers. Elle englobe également des aspects tels que l'efficacité opérationnelle, la qualité des produits ou services, la gestion des ressources humaines, l'innovation, la responsabilité sociale des entreprises, et bien d'autres encore. Par exemple, une entreprise peut être considérée comme performante si elle parvient à réduire ses coûts tout en améliorant la qualité de ses produits, ou si elle parvient à fidéliser sa clientèle grâce à un service client exceptionnel.

En résumé, dans le domaine de la gestion, la performance est un concept multidimensionnel qui englobe à la fois des aspects financiers et non financiers de la performance d'une entreprise. C'est un indicateur clé de la santé et de la viabilité d'une entreprise, et il est crucial pour les gestionnaires et les parties prenantes dans leur évaluation de la performance globale d'une entreprise.

Dans le domaine bancaire, la performance revêt une importance cruciale, non seulement pour les banques elles-mêmes, mais aussi pour l'économie dans son ensemble. La performance des banques est évaluée selon plusieurs critères, allant de la rentabilité financière à la qualité des services et à la gestion des risques.

Tout d'abord, la rentabilité financière est l'un des principaux indicateurs de performance pour les banques. Cela comprend des mesures telles que le rendement des actifs (Return on Assets - ROA) et le rendement des capitaux propres (Return on Equity - ROE). Un ROA élevé indique que la banque génère plus de revenus par rapport à ses actifs, tandis qu'un ROE élevé montre qu'elle génère des bénéfices solides par rapport aux fonds propres investis.

En plus de la rentabilité financière, la performance des banques est également évaluée en fonction de leur efficacité opérationnelle. Cela inclut des indicateurs tels que le ratio des frais généraux aux revenus, qui mesure la proportion des revenus consacrée aux coûts d'exploitation. Une banque avec un ratio plus faible est considérée comme plus efficace dans la gestion de ses coûts.

La qualité des services est un autre aspect crucial de la performance bancaire. Cela englobe des éléments tels que la rapidité des transactions, la disponibilité des services en ligne, la convivialité des interfaces client, et la qualité du service client. Les banques qui offrent une expérience client supérieure sont plus susceptibles de fidéliser leur clientèle et d'attirer de nouveaux clients.

Enfin, la gestion des risques est un élément essentiel de la performance bancaire. Cela comprend la capacité de la banque à évaluer, à gérer et à atténuer les risques liés à ses activités, tels que le risque de crédit, le risque de marché, le risque opérationnel et le risque de liquidité. Une gestion efficace des risques garantit la stabilité financière de la banque et réduit les chances d'incidents majeurs.

Certains chercheurs, tels que Venkatraman et Romanujan (1986), ont identifié trois principaux axes de performance dans le secteur bancaire : la performance financière, la performance opérationnelle et la performance organisationnelle. La performance financière d'une banque se réfère à sa capacité à générer des revenus, à gérer ses coûts et à maintenir une rentabilité durable. Les indicateurs clés de cette performance incluent le rendement des actifs (ROA), le rendement des capitaux propres (ROE), le coefficient d'exploitation et d'autres mesures liées à sa santé financière. La performance opérationnelle se concentre sur l'efficacité et l'efficience des processus internes de la banque, tels que la gestion des transactions, la gestion des risques et la qualité du service client. Les indicateurs clés comprennent le ratio des dépenses d'exploitation sur les revenus et le temps de traitement des transactions. Enfin, la performance organisationnelle englobe la capacité globale de la banque à atteindre ses objectifs stratégiques, à innover et à maintenir une gouvernance efficace. Les indicateurs comprennent le taux de croissance des actifs, le taux de fidélisation des clients et d'autres mesures de la santé organisationnelle.

Un autre aspect crucial de la performance est sa dimension économique. Elle est généralement évaluée à travers les résultats financiers et les données présentées dans les états comptables, fournissant ainsi des informations sur la situation financière actuelle de l'entreprise. Ces données comprennent des éléments tels que le chiffre d'affaires, la valeur ajoutée, le résultat d'exploitation, le bénéfice net, entre autres. De plus, la performance économique reflète la capacité de l'entreprise à créer de la richesse et de la valeur à long terme en établissant des objectifs clairs, réalistes et mesurables. Dans le contexte bancaire, la performance économique peut être évaluée en analysant le produit net bancaire (PNB), qui représente la différence entre les revenus et les charges d'exploitation de la banque.

Une autre dimension cruciale de la performance bancaire réside dans sa composante technique, qui s'appuie sur deux piliers fondamentaux : le capital humain et les ressources techniques. Cette dimension concerne l'efficacité avec laquelle une banque tire parti de ses ressources existantes et sa capacité à optimiser et innover dans ses processus opérationnels. Pour atteindre ses objectifs de performance, de rentabilité et de productivité, la banque doit exploiter de manière optimale ses ressources humaines et techniques.

Dans le contexte actuel, les banques doivent adopter une approche proactive pour maintenir leur compétitivité sur un marché caractérisé par des évolutions financières et technologiques rapides. Elles doivent être capables de proposer à leurs clients des produits et services optimaux, ce qui nécessite l'utilisation de technologies de pointe allant des logiciels aux services de paiement en ligne. Toutefois, la performance technique d'une banque ne dépend pas uniquement de ses outils technologiques ; elle dépend également de la qualité de ses ressources humaines chargées de mettre en œuvre ces technologies.

La performance bancaire est un concept complexe et multidimensionnel qui englobe divers aspects selon la littérature. Outre les dimensions financières, opérationnelles et techniques déjà évoquées, d'autres facettes sont souvent explorées, notamment la performance managériale, la performance commerciale, la performance sociale, la performance stratégique et bien d'autres encore.

Toutes les formes de la performance exigent à la fois une efficacité et une efficience. L'efficacité concerne la réalisation des objectifs fixés, tandis que l'efficience vise à optimiser l'utilisation des ressources disponibles de la manière la plus productive possible. L'analyse de la performance implique donc le développement de deux concepts essentiels : l'efficacité et l'efficience. Ces deux concepts sont différents et résument toute la problématique de la performance.

III. Concepts d'efficacité et d'efficience

III.1 Concept d'efficacité

Le concept d'efficacité, issu du terme latin « *efficière* » signifiant accomplir, réfère à la capacité d'une action à produire l'effet désiré en réalisant un objectif spécifique préalablement défini. Selon Fare et al. (1985), l'efficacité se définit comme la qualité ou le niveau atteint dans la réalisation d'un ensemble d'effets désirés. Ces objectifs englobent souvent des aspects économiques tels que la réduction des coûts, l'expansion de parts de marché, l'augmentation du chiffre d'affaires et des marges bénéficiaires. Mesurer l'efficacité revient à évaluer l'écart entre les résultats escomptés et les résultats réellement obtenus.

L'efficacité est un concept polyvalent, s'appliquant à différents niveaux tels que les systèmes, les organisations ou les individus, dans le but d'atteindre des objectifs de manière optimale en utilisant efficacement les ressources disponibles. Il s'agit donc d'une mesure de performance évaluant la productivité, l'efficience et les résultats obtenus par rapport aux moyens employés.

Cette notion peut être envisagée sous divers angles. L'efficacité opérationnelle se concentre sur la maximisation de la production ou de la prestation de services tout en minimisant les coûts et en optimisant l'utilisation des ressources. L'efficacité organisationnelle évalue la capacité d'une entreprise ou d'une organisation à atteindre ses objectifs stratégiques et à s'adapter aux changements du marché. Enfin, l'efficacité individuelle mesure la performance d'un individu dans l'accomplissement de ses tâches et responsabilités.

Souvent associée à l'efficience, qui se rapporte à la capacité de réaliser les objectifs de manière économique en minimisant les pertes et en utilisant les ressources de manière optimale, l'efficacité est un concept fondamental dans la gestion et l'évaluation des performances, visant à améliorer la productivité et les résultats.

Il convient de noter que l'efficacité peut varier en fonction du contexte et des objectifs spécifiques. Ce qui peut être considéré comme efficace dans un certain contexte peut ne pas l'être dans un autre.

L'évaluation de l'efficacité nécessite donc une compréhension claire des objectifs.

Lorsqu'on parle d'efficacité, il est important de prendre en compte certains éléments clés pour une meilleure compréhension :

1. Objectifs : L'efficacité est étroitement liée aux objectifs fixés. Il est essentiel d'avoir des objectifs clairs, spécifiques et mesurables pour pouvoir évaluer si les résultats obtenus sont efficaces ou non.
2. Ressources : L'utilisation efficace des ressources est un aspect important de l'efficacité. Cela implique de maximiser l'utilisation des ressources disponibles (telles que les finances, les matériaux, le temps, les compétences) pour atteindre les objectifs fixés, en évitant le gaspillage et en minimisant les inefficiences.
3. Productivité : L'efficacité est souvent associée à la productivité, qui mesure la quantité de résultats obtenus par rapport aux ressources utilisées. Une organisation ou un individu est considéré comme efficace s'il peut produire davantage de résultats avec les mêmes ressources ou les mêmes résultats avec moins de ressources.
4. Qualité : L'efficacité ne se limite pas seulement à la quantité, mais également à la qualité des résultats obtenus. Il est important de considérer la satisfaction des clients, la conformité aux normes de qualité et les attentes des parties prenantes pour évaluer l'efficacité globale.
5. Mesure et évaluation : Pour évaluer l'efficacité, il est nécessaire de mettre en place des mesures et des indicateurs appropriés. Cela peut inclure des indicateurs financiers tels que le retour sur investissement (ROI), des mesures opérationnelles telles que le taux d'utilisation des capacités, ou des indicateurs de satisfaction client.

Il est également important de noter que l'efficacité peut varier en fonction du contexte et des facteurs externes tels que les réglementations, les conditions économiques ou les évolutions technologiques. Par conséquent, il est nécessaire de suivre de près les changements du contexte et d'ajuster les approches pour maintenir l'efficacité au fil du temps.

Les économistes utilisent le concept d'efficacité pour comparer les résultats obtenus par rapport aux coûts engagés, comme le font les néoclassiques. Selon la théorie économique néoclassique et dans le cadre des modèles de marché, l'efficacité existe lorsque, à un niveau de technologie donné, deux conditions sont remplies. Premièrement, pour le producteur, l'efficacité est atteinte lorsque le coût marginal de la production est égal à la productivité marginale. Deuxièmement, pour le consommateur, l'efficacité est atteinte lorsque le coût marginal de la consommation totale est égal à l'utilité marginale.

En évaluant l'efficacité par rapport aux coûts, il est plus approprié d'utiliser le concept d'efficience plutôt que d'efficacité. En réalité, il est crucial de distinguer la notion d'efficacité de celle d'efficience, car l'efficacité se réfère simplement à l'accomplissement d'un objectif prévu, tandis que l'efficience se réfère à l'atteinte de cet objectif avec un minimum d'efforts et de coûts.

III.2 Concept d'efficience

Le concept d'efficience se réfère à la capacité de maximiser l'utilisation des ressources disponibles pour atteindre les objectifs fixés. L'efficience met l'accent sur la minimisation des pertes, des gaspillages et des coûts tout en maximisant les résultats obtenus.

L'efficience peut être mesurée de différentes manières, en fonction du domaine d'application. Dans le contexte de la production ou des opérations, l'efficience peut être évaluée par le ratio de production par rapport aux ressources utilisées. Par exemple, il peut s'agir de mesurer la quantité de biens produits par heure de travail ou la quantité de services rendus par unité de matière première utilisée.

Dans le domaine financier, l'efficience peut être mesurée par la rentabilité financière, en évaluant les bénéfices réalisés par rapport aux coûts et aux investissements engagés. L'efficience financière vise à minimiser les coûts d'exploitation, les dépenses inutiles et les inefficiences dans la gestion des ressources financières.

L'efficience peut également être évaluée en termes de temps et de délais. Dans ce cas, il s'agit de minimiser le temps nécessaire pour réaliser une tâche ou atteindre un objectif donné. Cela peut inclure des mesures telles que le temps de traitement des commandes, le temps de réponse aux demandes des clients ou le respect des échéances.

Il est important de noter que l'efficience ne doit pas compromettre la qualité des résultats. Il s'agit d'optimiser l'utilisation des ressources sans compromettre la satisfaction des clients, la conformité aux normes de qualité ou d'autres objectifs importants.

L'efficience est souvent étroitement liée à l'efficacité, qui se concentre sur la réalisation des objectifs fixés. L'efficience est donc un élément clé pour atteindre l'efficacité globale. En combinant une utilisation efficace des ressources avec l'atteinte des objectifs, les organisations peuvent parvenir à une performance optimale.

En général, deux formes d'efficience sont souvent distinguées : l'efficience technique et l'efficience allocative. L'efficience technique se concentre sur l'utilisation optimale des ressources afin de maximiser la production ou les résultats. Son objectif est d'obtenir le rendement optimal à partir des ressources disponibles. D'autre part, l'efficience allocative concerne la répartition optimale des ressources entre différentes utilisations alternatives, dans le but de maximiser la valeur créée pour l'ensemble du système.

L'efficience peut être évaluée en comparant les performances d'une entité avec une frontière d'efficience, qui représente le niveau optimal d'utilisation des ressources et de production. Les entités qui se situent sur la frontière d'efficience sont considérées comme efficientes, tandis que celles qui se trouvent en deçà peuvent être considérées comme ayant des possibilités d'amélioration.

Plusieurs facteurs peuvent influencer l'efficience. Cela comprend la qualité de la gestion, l'utilisation de technologies appropriées, la disponibilité des compétences et des ressources, la coordination des processus et des opérations, ainsi que l'environnement économique et réglementaire dans lequel l'entité opère.

Il est important de noter que l'efficacité et l'efficience sont des concepts interdépendants. Alors que l'efficacité se concentre sur la réalisation des objectifs, l'efficience vise à maximiser l'utilisation des ressources pour atteindre ces objectifs de manière optimale. Ensemble, ils contribuent à la performance globale et à la compétitivité d'une entité ou d'un système.

L'efficience technique est une mesure de l'utilisation optimale des ressources pour maximiser la production ou les résultats. Elle se concentre sur l'efficacité de la transformation des intrants (ressources) en extrants (produits, services) dans le processus de production.

La mesure de l'efficience technique englobe plusieurs aspects essentiels :

1. Ratio intrants-extrants : L'efficience technique est généralement évaluée en comparant les quantités d'intrants utilisées avec les quantités d'extrants produites. Un ratio élevé d'extrants par rapport aux intrants indique une plus grande efficience technique.
2. Utilisation optimale des ressources : L'efficience technique vise à utiliser les ressources disponibles de manière optimale. Cela implique de minimiser les gaspillages, les pertes et les inefficiences dans le processus de production. L'objectif est d'obtenir les mêmes extrants ou une plus grande quantité d'extrants en utilisant moins de ressources.

3. Frontière d'efficience : Dans l'analyse de l'efficience technique, on utilise souvent des méthodes telles que l'Analyse des Frontières Stochastiques (SFA) ou l'Analyse Enveloppante des Données (DEA) pour déterminer la frontière d'efficience. Cette frontière représente le niveau optimal d'utilisation des ressources et de production, et les unités situées sur cette frontière sont considérées comme techniquement efficientes.
4. Amélioration de l'efficience : L'amélioration de l'efficience technique peut être réalisée en identifiant et en éliminant les inefficiences dans le processus de production. Cela peut être obtenu en utilisant des technologies plus avancées, en optimisant les flux de travail, en améliorant la gestion des ressources ou en adoptant de meilleures pratiques.
5. Trade-off entre intrants : L'efficience technique implique également de trouver le bon équilibre entre les différents intrants. Il peut y avoir des trade-offs entre les ressources utilisées, où l'augmentation de la quantité d'un intrant peut nécessiter la réduction d'un autre. L'objectif est d'optimiser l'utilisation de chaque intrant pour maximiser les extrants.
6. Variabilité de l'efficience : L'efficience technique peut varier d'une unité de production à une autre en fonction de facteurs tels que la taille, les compétences, les technologies utilisées, les pratiques de gestion, etc. Il est donc important de comparer les performances d'une unité avec des unités similaires ou avec des benchmarks de l'industrie pour évaluer son efficience technique.
7. Contexte et spécificités sectorielles : L'efficience technique peut différer selon le secteur d'activité et les spécificités de chaque domaine. Par exemple, dans la production manufacturière, l'efficience technique peut être mesurée par la productivité du travail par rapport aux intrants de capital. Dans les services, cela peut être mesuré par le ratio des revenus générés par rapport aux coûts d'exploitation.

L'efficience technique est essentielle pour améliorer la productivité, réduire les coûts et renforcer la compétitivité des entreprises. En maximisant l'utilisation des ressources disponibles, les organisations peuvent augmenter leur rendement et optimiser leurs performances.

L'efficience globale d'une banque est le résultat de la combinaison de deux types d'efficience : l'efficience technique et l'efficience allocative. Bien qu'il existe généralement une relation positive et forte entre ces deux types d'efficience, il est possible qu'une banque soit techniquement efficiente mais économiquement sous-efficiente si sa politique de prix, de marché ou de gestion des risques n'est pas bien étudiée (mauvaise tarification, sous-estimation des risques, etc.). A l'inverse, une banque économiquement efficiente peut utiliser des techniques de production obsolètes ou gaspiller une partie de ses ressources. Elle peut également bénéficier de positions de marché favorables qui ne l'incitent pas à adopter une approche compétitive par rapport aux autres banques. En résumé, une banque sera globalement efficiente si elle prend de bonnes décisions quant à ce qu'elle doit faire (efficience économique) et si elle exécute efficacement ces décisions (efficience technique) (Gonsard & Gonsard, (1999)).

Depuis les travaux de Koopmans (1951) et Farrell (1957), les économistes se sont efforcés de mesurer l'efficience relative technique des unités de décision comparables. Cela signifie qu'ils cherchent à évaluer l'efficience des entités qui utilisent les mêmes technologies, sont confrontées aux mêmes conditions de marché et poursuivent les mêmes objectifs, et qui peuvent être observées.

Pour identifier les unités les plus efficientes au sein d'un groupe homogène, on se base sur les observations disponibles. Cela implique de trouver des méthodes permettant d'identifier les unités utilisant les meilleures pratiques et de mesurer l'écart des autres par rapport à ces meilleures pratiques. Sur le plan théorique, le principe de ces méthodes est simple. Il consiste à comparer les résultats d'une banque avec ceux qu'elle obtiendrait si elle adoptait les choix des autres. Ainsi, on identifie les banques qui ne peuvent pas améliorer leurs performances en adoptant le comportement des autres. Ce sont ces banques qui mettent en œuvre les meilleures pratiques et servent à définir la frontière de l'efficience. L'objectif est donc de trouver la frontière qui représente le domaine des productions possibles où se trouvent les meilleures pratiques. Ensuite, on mesure la distance entre les autres unités et ces meilleures pratiques. Cette distance est exprimée à l'aide d'un score d'efficience.

Dans cette approche, les unités les plus performantes sont utilisées comme modèles pour les autres. Ainsi, la performance de chaque banque est simplement évaluée par rapport aux pratiques observées des meilleurs, plutôt que par rapport à un objectif technique ou économique absolu. Les scores d'efficience sont donc des mesures de la performance relative. Une augmentation de l'efficience moyenne au sein d'un secteur donné indique simplement que les unités moins performantes se rapprochent des meilleures. Les scores d'efficience ne représentent pas des indicateurs de performance absolue. Il serait donc erroné, par exemple, d'affirmer que l'efficience moyenne des banques dans un pays est élevée, sans comparer les scores d'efficience des banques de ce pays à ceux des banques d'un pays comparable. Si le niveau moyen des scores d'efficience dans un pays est élevé, cela signifie simplement que les banques de ce pays ont des performances similaires, mais leurs performances productives globales peuvent être inférieures à celles des banques d'un autre pays.

Certains auteurs, comme Berger et Bonaccorsi di Patti (2006), soutiennent que l'efficience globale d'une banque résulte de trois types d'efficience : l'efficience technique, l'efficience allocative, et l'efficience d'échelle.

Concernant l'efficience technique, une banque est techniquement efficiente lorsqu'elle optimise l'utilisation de ses ressources pour offrir le maximum de services possibles. Cela implique une maîtrise des aspects techniques de sa production, permettant ainsi de minimiser les intrants pour maximiser les extrants.

Quant à l'efficience allocative, une banque atteint une efficience allocative supérieure lorsqu'elle sélectionne les combinaisons de facteurs de production les moins coûteuses et fournit les services les plus rentables. Cela signifie que la banque alloue ses ressources de manière optimale pour maximiser la rentabilité et minimiser les coûts.

Par ailleurs, l'efficience d'échelle repose sur les économies d'échelle et évalue comment la taille de la banque influence ses coûts. Une banque bénéficie de rendements d'échelle croissants ou d'économies d'échelle lorsqu'elle peut augmenter sa production tout en réduisant ses coûts moyens, tant qu'elle n'a pas encore atteint sa taille optimale.

Ces trois types d'efficience sont essentiels pour évaluer l'efficience globale d'une banque, chacun jouant un rôle crucial dans l'optimisation des performances bancaires.

IV. Techniques et méthodes classiques de mesure de la performance bancaire

La performance financière demeure une préoccupation primordiale pour les entreprises, surtout à l'ère de la mondialisation et de la concurrence accrue. Les gestionnaires se trouvent confrontés à la question cruciale des indicateurs à utiliser pour évaluer l'efficience et guider la performance. L'histoire économique regorge d'exemples d'entreprises en apparence florissantes qui se sont effondrées soudainement, remettant en question la fiabilité des indicateurs comptables traditionnels. Cela soulève un défi majeur quant à l'utilisation des indicateurs basés sur la performance financière ou économique dans l'évaluation et la gestion de la performance d'une entreprise. Par exemple, la méthode d'analyse des ratios de gestion présente une limite importante, car elle cherche à évaluer une banque uniquement à travers quelques ratios quantitatifs, sans tenir compte des variables qualitatives internes telles que l'organisation et les choix de gestion, qui ont également un impact significatif sur la performance, surtout dans un environnement concurrentiel.

Le bilan d'une banque offre un aperçu de sa situation économique, tandis que le produit net bancaire (PNB) reflète l'ensemble de ses activités en termes de produits et de charges d'exploitation. Les résultats sont calculés en soustrayant du PNB diverses catégories de charges, aboutissant au résultat net qui permet de rémunérer les actionnaires et de renforcer les fonds propres de la banque.

La rentabilité est évaluée par rapport aux actifs et plus particulièrement par rapport aux fonds propres. Les normes réglementaires de gestion, telles que les ratios de liquidité et de solvabilité, sont établies pour réduire les risques associés. Les agences spécialisées attribuent des notations aux établissements bancaires en évaluant leur capacité à honorer leurs engagements à court et à long terme.

Les mesures de l'activité bancaire sont généralement évaluées à l'aide de quelques indicateurs clés tirés du compte de produits et charges de la banque, notamment le produit net bancaire, le résultat brut d'exploitation, le résultat courant avant impôt, le résultat net, et la rentabilité.

Le Produit Net Bancaire (PNB) est un indicateur global qui reflète l'ensemble des activités de la banque, y compris ses fonctions d'intermédiation et de marché, entre autres. Il représente la marge brute de la banque et est calculé en soustrayant la somme des charges d'exploitation de la somme des produits d'exploitation. Les principaux éléments constitutifs du PNB comprennent les intérêts perçus de la clientèle ainsi que ceux versés à des tiers, les revenus provenant du portefeuille titres et des participations, ainsi que d'autres produits d'exploitation bancaire, principalement des commissions de services.

Le Résultat Brut d'Exploitation (RBE) des banques est calculé en soustrayant les charges de structure du PNB (et éventuellement du Produit Global des Etablissements). Il s'agit d'un indicateur clé de l'activité bancaire proprement dite, excluant les provisions et les éléments exceptionnels. Le coefficient net d'exploitation, qui rapporte les charges de structure au PNB, est un ratio important permettant de mesurer la part du PNB consommée par ces charges. Il est préférable que ce ratio soit nettement inférieur à 70% selon l'IREPP (2005)[1].

Le résultat courant avant impôt est obtenu en déduisant du RBE les dotations aux provisions et les pertes sur créances irrécupérables, tenant ainsi compte du risque de contrepartie. Enfin, le résultat net prend en compte les produits et charges exceptionnels, les dotations ou reprises au fonds pour risques bancaires généraux, ainsi que l'impôt sur les sociétés.

Le Return on Equity (ROE), ou retour sur fonds propres, est un ratio qui évalue la rentabilité des fonds propres d'une banque. Il mesure le résultat net en proportion des fonds propres. De même, le Return on Assets (ROA), ou retour sur actifs, est un indicateur de rentabilité des actifs de la banque. Il rapporte le résultat net au total du bilan.

La principale limitation de l'analyse basée sur les ratios de gestion est qu'elle essaie d'évaluer la banque uniquement à travers quelques ratios quantitatifs. Cependant, il est important de noter que la performance d'une banque est influencée non seulement par des variables internes quantitatives telles que les ratios financiers, mais aussi par des variables internes qualitatives telles que l'organisation et les choix de gestion. Ces aspects qualitatifs ont une incidence significative sur la performance d'une banque, notamment dans un environnement concurrentiel.

Une étude menée par Berger et Humphrey (1997) a également révélé qu'il n'existait pas de corrélation évidente entre les indicateurs de productivité et les performances financières des établissements bancaires. L'étude a montré que les établissements les plus efficaces en termes de coûts ne sont pas nécessairement les plus efficaces en termes de profit, et vice versa. En d'autres termes, les établissements qui présentent une bonne efficacité en termes de rentabilité ne sont pas nécessairement les plus efficaces en termes de maîtrise des coûts.

V. Les nouvelles méthodes d'évaluation de l'efficience

L'analyse traditionnelle des performances bancaires repose généralement sur l'analyse financière. Cependant, avec l'essor des réseaux bancaires et la disponibilité croissante de l'information, de nouvelles approches ont émergé pour évaluer la performance des

[1] IREPP (2005). Institut de recherche et d'études sur les politiques publiques.

banques. Ces approches s'inscrivent dans une démarche de Benchmarking et utilisent des critères d'efficience.

V.1 Recours aux fonctions économétriques déterministes pour l'évaluation de la performance

Pour une compréhension exhaustive de la performance, une approche multidimensionnelle intégrant la théorie microéconomique s'avère essentielle. L'analyse microéconomique adoptée se concentre principalement sur le comportement des producteurs, mettant en lumière les fonctions de production et, dans une moindre mesure, les fonctions de coût. Ainsi, plutôt que de se limiter à l'examen des ratios de productivité, il est recommandé, comme le soutient Parsons (1994), d'explorer la relation technique entre les extrants et les différents intrants, à travers l'étude de la fonction de production.

La fonction de production représente la frontière des possibilités de production, c'est-à-dire le niveau maximum d'output qu'il est possible d'obtenir à partir d'une quantité donnée d'input. Cela signifie que chaque entreprise est évaluée par rapport aux meilleures entreprises du secteur étudié. Le défi réside alors dans la forme théorique de la fonction de production ou de coût, ainsi que dans l'estimation de cette frontière.

➢ ***Formulation économétrique de la fonction de production***

L'estimation des fonctions de production a été l'un des domaines les plus populaires de la recherche en économétrie appliquée. Les travaux récents dans la théorie de la dualité, qui ont établi des liens entre les fonctions de production et les fonctions de coût, ont rendu ce sujet encore plus attrayant. Généralement, la méthode des moindres carrés, ou une variante telle que la méthode des deux étapes ou les moindres carrés généralisés, est utilisée pour estimer un modèle en supposant l'erreur distribuée selon une loi normale dans le modèle. Cependant, il est important de noter que les fonctions de production décrivent le niveau maximal d'outputs atteignable pour un niveau donné d'inputs, tandis qu'une fonction de coût duale indique le coût minimal de production pour un niveau donné d'outputs et de prix des inputs.

Il a été justifié que les erreurs envisagées dans ces modèles, ainsi que les techniques utilisées pour les estimer, devraient prendre en compte cette réalité. Ces considérations ont motivé la littérature récente sur les fonctions frontières.

Farrell (1957) a introduit l'approche déterministe et paramétrique dans l'analyse de la performance. Il a proposé d'approximer la fonction de production efficace à l'aide d'une forme fonctionnelle préalablement connue. Cette approche permet une spécification plus simple et une meilleure analyse des différentes propriétés algébriques de cette fonction. Farrell a utilisé la forme fonctionnelle Cobb-Douglas pour illustrer l'application de cette approche à partir de données agricoles provenant de 48 États américains, en supposant des rendements d'échelle constants. Depuis lors, la formulation de la frontière de production déterministe a connu plusieurs développements.

Aigner et Chu (1968) ont poursuivi dans la même sens, en utilisant également la forme fonctionnelle de Cobb-Douglas pour estimer une fonction de production frontière à partir d'un échantillon d'entreprises manufacturières américaines. Ils ont néanmoins relâché l'hypothèse des rendements d'échelle constants en faveur de l'hypothèse moins contraignante de l'homogénéité de la fonction de production.

S'inspirant des suggestions d'Aigner et Chu, Timmer (1971) a proposé un modèle probabiliste pour remédier à l'une des limites de l'approche déterministe et paramétrique, à savoir la sensibilité de la frontière de la fonction aux observations extrêmes. Cette méthode en trois étapes consiste d'abord à estimer la frontière de la fonction pour l'ensemble de l'échantillon. Ensuite, la taille de l'échantillon est réduite en sélectionnant un certain nombre d'entreprises, préalablement choisies parmi celles qui se trouvent le plus près de la frontière. Enfin, une nouvelle frontière est estimée à partir de l'échantillon réduit. Timmer a également constaté que l'élimination de quelques observations extrêmes rendait les coefficients associés à la frontière de la fonction de production beaucoup plus stables.

Une alternative proposée par Richmond (1974) pour estimer la fonction frontière déterministe est la méthode des moindres carrés ordinaires corrigés. Par la suite, Afriat (1972) et plus tard Green (1980) ont suggéré l'utilisation de la méthode du maximum de vraisemblance pour estimer la fonction frontière. Plus précisément, Afriat a démontré qu'une approche pour déterminer la fonction frontière consiste à traiter les termes d'erreur comme des variables aléatoires prenant des valeurs entre 0 et 1, et il a suggéré d'attribuer une distribution bêta à ces termes d'erreur. De son côté, Greene a proposé d'attribuer une distribution gamma aux termes d'erreur. Cette méthode suppose que les termes d'erreur, qui reflètent les indices d'inefficience technique des entreprises, sont indépendants et distribués de manière identique, et qu'aucune entreprise n'est parfaitement efficace.

Une autre méthode d'estimation de la frontière de production déterministe, en accord avec l'approche probabiliste de Timmer (1971), consiste à estimer d'abord de manière économétrique une fonction de production moyenne. Ensuite, plusieurs itérations successives sont effectuées en éliminant à chaque fois un certain pourcentage d'observations les moins efficaces, selon une approche de bootstrap. Plus précisément, à chaque itération, seules les observations dont les résidus de l'estimation précédente sont positifs sont prises en compte.

➢ ***Formulation économétrique de la fonction des coûts***

L'approche économétrique est utilisée pour analyser la relation entre la production d'un bien et la consommation de plusieurs facteurs de production, ou entre la consommation d'un facteur et la production de plusieurs biens. Dans certains cas, il est nécessaire d'utiliser des fonctions de coûts pour estimer une fonction impliquant plusieurs facteurs et plusieurs produits. La fonction de coût trans-logarithmique (Translog) est la forme économétrique la plus couramment utilisée dans l'analyse de l'efficacité bancaire. Cette fonction permet de prendre en compte une courbe en U, qui n'est pas uniforme pour toutes les tailles d'entreprises, et permet de ne pas imposer l'hypothèse d'élasticité unitaire des facteurs, contrairement à la fonction de production de type Cobb-Douglas. Ainsi, cette forme de fonction convient particulièrement aux activités impliquant plusieurs produits.

Autrement dit, la forme fonctionnelle trans-logarithmique a été privilégiée car elle permet de prendre en compte la nature multi-produit de la technologie bancaire, contrairement aux formes fonctionnelles restrictives telles que Cobb-Douglas ou CES (Fonction de production Constant Elasticity of Substitution). Ces dernières représentaient souvent la production bancaire à l'aide d'une seule variable, ce qui ne permettait pas de capturer la diversité des produits et services offerts par les banques. La spécification trans-logarithmique offre une plus grande flexibilité et permet une analyse plus complète de l'efficacité bancaire.

L'utilisation de la fonction trans-logarithme permet de surmonter les limitations des deux fonctions précédentes. En effet, elle impose aucune contrainte préalable sur la forme de la courbe des coûts moyens et elle permet de prendre en compte les multiples liens de complémentarité entre les facteurs explicatifs.

Cependant, cette nouvelle spécification de la technologie bancaire est sujette à de nombreuses critiques. Elle n'est pas définie à partir d'un point de référence zéro, et l'agrégation des différents outputs en un indice composite présente des inconvénients. Malgré cela, en raison de sa flexibilité, elle est le modèle privilégié par les économistes pour analyser les caractéristiques de la technologie bancaire. De plus, étant donné le manque de connaissance sur la forme de la fonction de coût dans le secteur bancaire, il est nécessaire d'opter pour la forme standard de la fonction trans-logarithme.

➢ ***Limites d'utilisation des techniques déterministes***

L'approche économétrique de modélisation fonctionnelle permet d'examiner la relation entre la production d'un bien et la consommation de plusieurs facteurs de production, ou entre la consommation d'un bien et la production de plusieurs biens. La fonction déterministe résultant de cette approche est considérée comme une moyenne partagée par toutes les entreprises, ce qui signifie que toutes les entreprises partagent un mode de production commun et que leurs performances respectives sont comparées à la même fonction de production, de coût ou de profit. Cette fonction moyenne est utilisée pour évaluer l'efficacité des entreprises, et tout écart des entreprises par rapport à cette fonction est attribué à de l'inefficacité. L'exemple suivant illustre bien ce principe.

La complexité de cette approche la rend utilisable uniquement par des experts. De plus, il est nécessaire de poser des hypothèses sur les erreurs pour distinguer l'inefficacité du bruit aléatoire.

V.2 Méthodes alternatives aux techniques déterministes

Dans leur analyse approfondie des études microéconomiques sur l'efficience bancaire, principalement axées sur les pays industrialisés, Berger et Humphrey (1997) répertorient cinq techniques différentes :

- Trois approches paramétriques : l'approche de la frontière stochastique (SFA), l'approche de la distribution libre (DFA) et l'approche de la frontière épaisse (TFA).
- Deux approches non paramétriques : la méthode de l'enveloppement des données (DEA) et la méthode Free Disposal Hull (FDH).

V.2.1 Les techniques de mesures non paramétriques

Les méthodes non paramétriques se basent directement sur les observations pour construire la frontière d'efficience en utilisant des techniques de programmation linéaire. Elles ne supposent pas de relation prédéfinie entre les inputs et les outputs, ce qui signifie qu'elles ne prennent pas en compte les erreurs statistiques comme le font les méthodes paramétriques.

➢ La méthode de l'enveloppement des données (DEA)

La méthode non paramétrique la plus populaire est l'analyse d'enveloppement des données communément appelée DEA pour Data Envelopment Analysis, qui est particulièrement adaptée pour mesurer l'efficience relative des entreprises lorsqu'il y a plusieurs inputs et plusieurs outputs, et même lorsque la technique de production est incertaine ou inconnue. Cela en fait une méthode particulièrement intéressante dans le contexte des banques et des institutions financières.

La méthode DEA consiste à déterminer une enveloppe qui englobe toutes les observations efficientes ainsi que leurs combinaisons linéaires, tandis que les autres observations (celles qui sont inefficaces) se situent en dessous de cette enveloppe. Chaque fragment de l'enveloppe est linéaire. Cette enveloppe est interprétée comme étant la frontière technologique efficiente, également appelée frontière d'efficience (Seiford et Thrall (1990)). La distance entre les observations inefficaces et la frontière d'efficience représente la mesure d'efficience, et cette mesure est relative.

La méthode DEA identifie les observations efficientes en utilisant le principe de comparaison itérative : chaque observation est comparée à toutes les autres. Si une observation n'est pas dominée en termes de technologie de production par une autre observation de l'échantillon, elle est considérée comme efficiente et reçoit un score de 1 (Seiford et Thrall, (1990)). Les observations efficientes se trouvent sur la frontière d'efficience et la définissent. L'avantage principal de cette méthode est qu'elle ne requiert pas d'hypothèses préalables sur la relation entre les inputs et les outputs.

Selon Charnes et (1995), le succès de la méthode DEA peut être attribué principalement aux raisons suivantes :

- Elle permet de tirer des conclusions pour chaque observation individuelle plutôt que pour l'ensemble d'une population.
- Elle fournit une mesure de l'utilisation des facteurs inputs (variables indépendantes) pour produire l'output souhaité (la variable dépendante) pour chaque DMU.
- Elle permet l'utilisation de plusieurs catégories d'inputs et d'outputs qui peuvent avoir des unités de mesure différentes.

- Elle permet l'utilisation de variables binaires.
- Elle n'impose aucune restriction sur la forme de la fonction de production.
- Elle permet de déterminer les potentiels d'amélioration et les ajustements possibles pour une DMU spécifique.
- Elle représente la meilleure pratique possible plutôt qu'une tendance générale souvent obtenue à partir de méthodes de régression.

L'approche DEA propose plusieurs modèles répondant à différents besoins d'analyse, notamment en ce qui concerne le rendement d'échelle, la mesure de la distance par rapport à l'enveloppe et la forme fonctionnelle de l'enveloppement étudié. La littérature identifie généralement quatre modèles d'application de la technique DEA :

- Le Modèle CCR de Charnes, Cooper et Rhodes (1978) :

Ce modèle développé par Charnes, Cooper et Rhodes en 1978, repose sur une évaluation avec une technologie de production à rendement d'échelle constant, ainsi qu'une frontière d'efficience à fragmentation linéaire. Le modèle peut être développé avec une orientation input ou output. Dans le premier cas, nous supposons la possibilité d'une réduction des inputs avec un output constant, tandis que dans le deuxième cas, nous inverserions cette tendance.

- Le modèle BCC de Banker, Charnes et Cooper (1984) :

Ce modèle développé par Banker, Charnes et Cooper en 1984 permet, contrairement au modèle CCR, de distinguer entre l'efficience technique et l'efficience d'échelle. Ce modèle permet une évaluation en supposant un rendement d'échelle non croissant, non décroissant ou variable. Le modèle BCC est estimé en utilisant une frontière d'efficience à fragmentation linéaire, avec une orientation input ou output.

- Le modèle multiplicatif de Charnes, Cooper, Seiford et Stutz (1983) :

Ce modèle présente différentes caractéristiques par rapport aux modèles CCR et BCC. Il utilise une fragmentation log-linéaire ou Cobb-Douglas pour identifier la frontière d'efficience. Les hypothèses de rendement d'échelle dépendent de l'interprétation donnée au processus de production dans la détermination de la frontière. L'utilisation d'une surface log-linéaire suppose un rendement d'échelle constant, tandis que la forme Cobb-Douglas est plus cohérente avec un rendement d'échelle variable.

- Le modèle Additif de Charnes, Cooper, Golany, Seiford et Stutz (1985) :

Ce modèle non orienté, ce qui signifie qu'il ne suppose pas de différence entre une orientation input ou output. En effet, il est possible de supposer une réduction des inputs avec une augmentation simultanée des outputs. Le modèle suppose un rendement d'échelle constant et une fragmentation linéaire de la frontière d'efficience.

La méthode DEA a été largement utilisée pour évaluer l'efficience des unités de production dans divers secteurs d'activité. Elle a été appliquée dans l'industrie manufacturière, la distribution d'électricité, l'analyse des processus de production, les réseaux de distribution et de logistique, l'agriculture, l'ingénierie forestière, et bien d'autres. Dans le domaine des services, cette méthode a été largement utilisée dans l'éducation et l'enseignement supérieur, les assurances, le secteur de la santé et des hôpitaux, et autres.

Dans le secteur bancaire, l'application des méthodes non paramétriques a débuté dans les années 80, avec l'article de Sherman et Gold (1985) intitulé « Bank branch operating efficiency: Evaluation with Data Envelopment Analysis », qui est considéré comme la première étude appliquant cette technique au secteur bancaire. Depuis lors, de nombreuses études ont été menées dans ce domaine.

- **La méthode des enveloppes de données tronquées (TED)**

La méthode des enveloppes de données tronquées connue sous le nom TED pour Truncated Data Envelopment Analysis. TED est une extension de la DEA qui permet de traiter des situations où certaines observations sont potentiellement inefficaces mais ont été exclues des données d'entrée ou de sortie pour des raisons telles que des contraintes de données manquantes ou des valeurs aberrantes.

- **L'Analyse de l'enveloppe de données directionnelle (DDE)**

L'Analyse de l'enveloppe de données directionnelle connue sous le nom DDE pour Directional Data Envelopment Analysis. La DDE est une variante de la DEA qui permet de déterminer l'efficacité relative des unités de décision en utilisant des vecteurs de poids directionnels au lieu de coefficients fixes pour les entrées et les sorties. Cela permet une plus grande flexibilité dans la spécification de la frontière d'efficience.

➢ Les modèles d'apprentissage automatique non paramétriques

Les modèles d'apprentissage automatique non paramétriques telles que les forêts aléatoires, les k plus proches voisins (k-NN : k-Nearest Neighbors), les machines à vecteurs de support (SVM : Support Vector Machines) et les réseaux de neurones peuvent être utilisées pour estimer des frontières d'efficience sans faire d'hypothèses spécifiques sur la forme de la relation entre les variables.

➢ La méthode Free Disposal Hull (FDH)

La méthode FDH (Free Disposal Hull) est une variante de la méthode DEA. Elle a été introduite par Banker, Charnes et Cooper (1984).

La différence fondamentale entre ces deux méthodes réside dans la formulation de l'hypothèse de rendement d'échelle. La méthode DEA est utilisée avec une hypothèse de rendement d'échelle constant ou variable, ce qui conduit à des résultats différents selon les cas. En revanche, la méthode FDH ne nécessite pas de définir une telle contrainte. Toutefois, pour que l'application de la méthode FDH soit fiable, il est nécessaire d'avoir un échantillon de grande taille.

D'autre part, la méthode DEA suppose qu'il est possible de substituer les inputs pour produire une certaine quantité d'outputs. En revanche, la méthode FDH considère qu'il n'est pas possible de substituer les combinaisons d'inputs de la frontière.

V.2.2 Les techniques paramétriques de mesure de l'efficience

Les méthodes paramétriques sont caractérisées par la spécification des relations structurelles entre les inputs et les outputs, souvent à travers l'utilisation d'une fonction de production, de coût ou de profit. Ces fonctions peuvent prendre différentes formes telles que Cobb-Douglas, Translog ou Fourier, et la frontière de l'ensemble de production peut être représentée par une frontière stochastique, une frontière épaisse ou une frontière libre. Ces méthodes supposent que l'ensemble des possibilités de production peut être représenté par une fonction spécifique avec des paramètres constants. La forme de la relation technique entre les inputs et les outputs est imposée a priori, et les paramètres de cette fonction sont estimés à l'aide de méthodes économétriques.

Les approches paramétriques considèrent qu'une banque est inefficace lorsque ses coûts sont supérieurs ou lorsque ses profits sont inférieurs à ceux de la banque la plus efficiente sur le marché, en tenant compte de la variable d'erreur. Les méthodes paramétriques les plus connues sont l'approche de la frontière stochastique (Stochastic Frontier Analysis : SFA), l'approche de la distribution libre (Distribution Free Approach : DFA) et l'approche de la frontière épaisse (Thick Frontier Approach : TFA).

- **L'approche de la frontière stochastique (SFA)**

L'article de Aigner et al. (1977) est souvent cité comme une référence fondamentale pour l'estimation des frontières stochastiques de production.

L'Approche de la Frontière Stochastique (SFA) est une méthode économétrique puissante utilisée pour évaluer l'efficacité des entreprises dans la production de biens et services. Elle repose sur l'idée de modéliser une frontière de coût ou de profit dans la fonction de production, qui relie les inputs (intrants) et les outputs (produits) d'une entreprise, tout en prenant en compte les variations aléatoires et les inefficiences potentielles.

Plus précisément, dans le cadre de la SFA, on suppose qu'il existe une frontière théorique qui représente le niveau maximal de production qu'une entreprise peut atteindre avec les inputs donnés. Cette frontière peut être une frontière de coût, représentant la combinaison la moins coûteuse d'inputs pour produire un certain niveau de production, ou une frontière de profit, représentant le niveau de profit maximal pour un niveau donné de production.

Cependant, dans la pratique, les entreprises ne peuvent pas toujours atteindre cette frontière théorique en raison de diverses inefficiences, telles que des erreurs de mesure, des sous-utilisations des ressources ou des imperfections de marché. C'est là qu'intervient la variable d'erreur dans le modèle de frontière stochastique. Cette variable d'erreur capture les écarts entre les performances observées des entreprises et la frontière théorique, en tenant compte de l'incertitude et des variations aléatoires.

La distribution de cette variable d'erreur est supposée être différente de celle de la variable d'efficience, qui mesure la distance entre les performances réelles et la frontière théorique. En incorporant cette variable d'erreur dans le modèle, on peut estimer la frontière de production et évaluer l'efficacité relative des entreprises.

Cette approche est également connue sous le nom de frontière économétrique ou modèle à erreurs composées, car elle utilise des techniques économétriques avancées pour estimer la frontière de production et analyser les inefficiences des entreprises. Elle est largement utilisée dans de nombreux domaines de l'économie, de l'agriculture à l'industrie manufacturière en passant par les institutions financières, pour évaluer et améliorer les performances des entreprises.

➢ L'approche de la distribution libre (Distribution Free Approach : DFA)

L'Approche de la Distribution Libre (Distribution Free Approach - DFA) dans le domaine de la théorie de la décision est une méthode qui cherche à prendre en compte les préférences des individus vis-à-vis de l'incertitude sans faire d'hypothèses restrictives sur la nature spécifique de la distribution de probabilité des résultats possibles. Contrairement à d'autres approches qui supposent une distribution de probabilité particulière, la DFA se concentre sur l'ordonnancement des distributions de probabilité plutôt que sur leurs caractéristiques exactes.

Cette approche a été initialement développée par Pratt (1960) Pratt a présenté une méthode pour mesurer l'aversion au risque en utilisant des préférences pour les distributions de probabilité plutôt que pour les résultats individuels.

La DFA repose sur l'idée que les individus évaluent les différentes distributions de probabilité en fonction de leur attitude générale vis-à-vis du risque, sans nécessairement avoir à spécifier une fonction d'utilité particulière ou une forme de préférence. Cela permet une analyse plus flexible et plus générale des décisions dans des situations d'incertitude.

En pratique, la DFA est utilisée dans une variété de domaines, notamment en finance, en économie, en psychologie et dans d'autres sciences sociales. Elle est souvent appliquée pour étudier le comportement des investisseurs, les décisions de consommation, les choix stratégiques en entreprise et d'autres processus de prise de décision sous incertitude.

L'Approche de la Distribution Libre offre donc une perspective importante pour comprendre les décisions individuelles et collectives dans des environnements incertains, en permettant une analyse plus flexible et moins contraignante des préférences et des attitudes face au risque.

➢ L'approche de la frontière épaisse (Thick Frontier Approach : TFA)

L'approche de la frontière épaisse (Thick Frontier Approach : TFA) est attribuée à Quandt (1973), un économiste américain. Cette approche vise à modéliser les frontières de production et d'efficience avec une plus grande robustesse pour tenir compte de l'incertitude et des variations des données. Quandt a introduit cette approche en développant la notion de frontière épaisse pour mieux capturer la variation des performances des entreprises ou des économies, en tenant compte des fluctuations des inputs et des outputs.

L'approche de la frontière épaisse est souvent utilisée dans des contextes où les données sont sujettes à des fluctuations importantes, ce qui peut rendre difficile l'estimation précise des frontières de production ou d'efficience. Elle offre ainsi une alternative robuste aux approches traditionnelles pour évaluer les performances économiques et identifier les sources d'inefficience.

Les techniques de mesure paramétrique de l'efficience ont été largement utilisées dans la littérature économique pour évaluer et comparer les performances des entreprises et des organisations. Cependant, ces techniques ne sont pas exemptes de critiques, et plusieurs aspects doivent être pris en compte lors de leur utilisation et de leur interprétation :

1. Sensibilité aux spécifications du modèle : Les résultats des techniques paramétriques peuvent être sensibles aux spécifications du modèle choisi, y compris la forme fonctionnelle de la frontière de production ou de la fonction de régression. Des choix inappropriés de spécifications peuvent conduire à des estimations biaisées de l'efficience.
2. Hypothèses sur la distribution des erreurs : Les techniques paramétriques supposent souvent une distribution spécifique des erreurs, comme une distribution normale. Si cette hypothèse n'est pas valide, les résultats peuvent être biaisés ou inefficaces.
3. Inefficience de mesure : Il peut être difficile de mesurer avec précision tous les inputs et outputs pertinents, ainsi que les autres facteurs influençant les performances d'une entreprise. Des erreurs de mesure peuvent entraîner des estimations incorrectes de l'efficience.
4. Sensibilité aux valeurs aberrantes : Les techniques paramétriques peuvent être sensibles aux valeurs aberrantes ou aux observations extrêmes, ce qui peut fausser les résultats et les conclusions.

5. Interprétation des résultats : Les estimations de l'efficience obtenues à partir des techniques paramétriques doivent être interprétées avec prudence. Une efficience plus faible peut être due à des facteurs autres que l'inefficience propre de l'entreprise, tels que des conditions de marché défavorables ou des choix stratégiques délibérés.

En résumé, bien que les techniques paramétriques de mesure de l'efficience soient largement utilisées et puissent fournir des informations précieuses, il est important de reconnaître leurs limites et de les utiliser de manière judicieuse en tenant compte des spécificités du contexte et des données disponibles.

VI. Modèles de mesure des changements de productivité totale

Il existe deux principales méthodes de mesure du changement de productivité des unités de production, basées toutes les deux sur la méthode Data Envelopment Analysis (DEA).

VI.1 Approche DEA-Malmquist

L'approche DEA-Malmquist est une méthode qui utilise l'indice de productivité de Malmquist basée sur la méthode Data Envelopment Analysis (DEA) pour mesurer les changements de productivité totale au fil du temps. Cette approche combine les concepts de la technique Data Envelopment Analysis et de l'indice de productivité de Malmquist pour évaluer les changements de productivité.

L'approche Data Envelopment Analysis est une méthode non paramétrique utilisée pour évaluer l'efficience relative des unités de production. Elle compare l'efficience de chaque unité de production par rapport à une frontière d'efficience calculée à partir des meilleures efficiences observées. L'approche DEA permet de mesurer l'efficience relative des unités de production en tenant compte de plusieurs inputs et outputs.

L'indice de productivité de Malmquist, quant à lui, est utilisé pour évaluer les changements de productivité totale au fil du temps. Il mesure les variations de productivité en comparant l'efficience des unités de production avant et après une période de temps donnée. L'indice de Malmquist est basé sur la distance entre les frontières d'efficience avant et après le changement temporel.

L'approche DEA-Malmquist combine ces deux concepts en utilisant la technique Data Envelopment Analysis pour évaluer l'efficience relative des unités de production et calculer les frontières d'efficience et ensuite, elle utilise l'indice de productivité de Malmquist pour mesurer les changements de productivité totale en comparant les efficiences avant et après le changement temporel.

Cette approche est largement utilisée pour mesurer les changements de productivité dans divers secteurs et contextes économiques. Elle offre une méthode non paramétrique pour évaluer les efficiences relatives des unités de production et mesurer les gains ou les pertes de productivité au fil du temps. L'approche DEA-Malmquist permet ainsi d'analyser et de comparer l'évolution de la productivité dans un ensemble d'unités de production sur plusieurs périodes de temps.

VI.2 Approche SFA-Malmquist

L'approche SFA-Malmquist est une méthode qui utilise l'indice de productivité de Malmquist basée sur l'analyse des frontières stochastiques (Stochastic Frontier analysis : SFA) pour évaluer les changements de productivité totale au fil du temps. Cette approche combine les concepts de l'analyse de frontière stochastique et de l'indice de productivité de Malmquist pour évaluer les changements de productivité.

L'analyse des frontières stochastiques (SFA) est une méthode économétrique qui permet d'estimer les frontières d'efficience en tenant compte des variations aléatoires et des erreurs de mesure. Elle utilise des techniques de régression pour estimer les fonctions de production et les inefficiences relatives des unités de production. Cette approche permet de mesurer l'efficience relative et de comparer les performances des unités de production.

L'indice de productivité de Malmquist, quant à lui, est utilisé pour évaluer les changements de productivité au fil du temps. Il mesure les variations de productivité en comparant les efficiences relatives des unités de production avant et après une période de temps donnée. L'indice de Malmquist est basé sur la distance entre les frontières d'efficience avant et après le changement temporel.

L'approche SFA- Malmquist combine ces deux concepts. Elle utilise l'analyse des frontières stochastiques pour estimer les frontières d'efficience et les inefficiences relatives des unités de production, puis utilise l'indice de productivité de Malmquist pour évaluer les changements de TFP au fil du temps. Cela permet d'évaluer à la fois l'efficience relative des unités de production et les changements de productivité totale.

VII. Modèle d'analyse des déterminants de l'efficience technique : méthode DEA-Tobit

La méthode DEA-Tobit permet d'analyser les déterminants de l'efficience technique des unités de production. C'est une méthode qui combine la technique Data Envelopment Analysis pour évaluer dans une première phase les scores d'efficience technique des unités de production et dans une deuxième phase elle utilise le modèle économétrique Tobit en données de panel qui tient compte des données censurées.

Le modèle Tobit utilisée est un modèle économétrique en données de panel qui permet de régresser les variables dépendantes censurées, c'est-à-dire les scores d'efficience obtenus dans la première phase sur les variables dépendantes explicatives choisies comme facteurs déterminants de l'efficience.

Dans le cadre des modèles DEA-Tobit, la méthode DEA est utilisée pour évaluer l'efficience relative des unités de production, tandis que le modèle Tobit est utilisé pour prendre en compte la censure des données et estimer les effets des variables explicatives sur l'efficience.

VIII. Conclusion

Ce chapitre a examiné le cadre conceptuel de l'étude des différentes dimensions de mesure de l'efficience. Nous l'avons entamé avec une introduction dans la première section. Ensuite, dans la deuxième section, nous avons traité du concept de performance. La troisième section a été consacrée à la revue des concepts d'efficacité et d'efficience. Nous avons exploré les techniques et méthodes traditionnelles de mesure de l'efficience bancaire dans la quatrième section. Dans la cinquième section, nous avons présenté de nouvelles méthodes d'évaluation de l'efficience. La sixième section s'est penchée sur le modèle DEA-Malmquist de mesure du changement de productivité totale. Enfin, dans la septième section, nous avons succinctement décrit le modèle DEA-Tobit pour l'analyse des déterminants de l'efficience technique.

En conclusion, ce chapitre sur les concepts généraux et la revue de la littérature relative à l'efficience bancaire, à l'identification des déterminants de cette efficience, et à l'évaluation du changement de productivité totale met en lumière l'importance de la notion de performance dans le secteur bancaire. La performance des banques est souvent mesurée à travers les concepts d'efficacité et d'efficience, qui bien que similaires, revêtent des significations distinctes.

L'efficacité se réfère à la capacité d'une banque à atteindre ses objectifs, tandis que l'efficience se concentre sur l'optimisation de l'utilisation des ressources pour atteindre ces objectifs. En d'autres termes, une banque est efficace si elle atteint ses cibles, mais elle est efficiente si elle atteint ces cibles avec un minimum de ressources.

Les méthodes classiques de mesure de la performance bancaire incluent les ratios financiers, tels que le retour sur actifs (ROA) et le retour sur capitaux propres (ROE), qui offrent des indications sur la rentabilité et la gestion des ressources. Toutefois, ces mesures traditionnelles peuvent ne pas saisir pleinement les aspects multi-dimensionnels de l'efficience et de la productivité.

Les nouvelles techniques de mesure de l'efficience, telles que l'Analyse par Enveloppement des Données (DEA), la méthode DEA-Malmquist et la méthode DEA-Tobit, apportent des perspectives plus complètes et nuancées.

La méthode DEA permet de quantifier l'efficience en évaluant la performance relative des banques en termes de transformation des intrants en extrants. Elle identifie les banques efficientes et met en évidence les sources d'inefficience.

La méthode DEA-Malmquist, quant à elle, permet de mesurer le changement de productivité totale dans le temps, en distinguant les améliorations technologiques des gains d'efficience technique.

Concernant la méthode DEA-Tobit, elle est utilisée pour analyser les facteurs déterminants de l'efficience en régressant les scores d'efficience sur des variables explicatives spécifiques. Cette approche aide à comprendre comment des variables internes et externes influencent la performance bancaire.

En résumé, ce chapitre offre une base théorique et analytique solide pour explorer l'efficience bancaire. Il combine des concepts clés d'efficacité et d'efficience, examine les méthodes classiques de mesure de performance et présente les nouvelles techniques d'évaluation de l'efficience. Cette analyse multidimensionnelle est essentielle pour les chercheurs, les décideurs et les gestionnaires bancaires, les aidant à formuler des stratégies efficaces pour optimiser la performance et la productivité des banques dans un environnement économique dynamique.

Chapitre 2

Evaluation de l'efficience bancaire dans la région MENA : Approche *Data Envelopment Analysis*

I. Introduction

La région du Moyen-Orient et de l'Afrique du Nord (MENA) est stratégiquement située entre l'Europe et l'Asie. Elle est pourvue d'un potentiel de croissance élevée et bénéficie d'une situation géographique privilégiée donnant accès à de grands marchés. La région comprend les pays riches en pétrole du Conseil de Coopération du Golfe (CCG) ainsi que les pays arabes du Proche-Orient et d'Afrique du Nord.

Le secteur bancaire dans la région MENA est relativement jeune ; la plupart des banques ont été établies depuis les années 1970. La mondialisation et l'ouverture ont poussé les banques de la région à s'engager dans l'adoption des normes comptables internationales et la conformité aux exigences réglementaires internationales. Elles sont exposées à une rude concurrence et se confrontent à des risques opérationnels, de crédit et de marché qui leurs imposent de se couvrir par des techniques sophistiquées et d'être de plus en plus performantes. Il est par conséquent crucial pour les banques de mesurer régulièrement leur performance et de la communiquer publiquement pour gagner en crédibilité vis-à-vis de ses clients, de ses propriétaires, des agences de notation et des autorités de régulation. Au cours des trois dernières décennies, la mesure de l'efficience du secteur bancaire a attiré l'attention d'un grand nombre de chercheurs et de banquiers.

Ce chapitre vise à mesurer l'efficience relative de 81 banques provenant de 12 pays de la région MENA, à savoir l'Arabie Saoudite, les Émirats arabes unis, le Bahreïn, le Koweït, le Qatar, Oman, la Jordanie, le Liban, l'Égypte, la Tunisie, l'Algérie et le Maroc. L'échantillon a été divisé en deux catégories : les banques conventionnelles, comprenant 59 banques, et les banques islamiques, composées de 22 banques. Nous avons utilisé la méthode non paramétrique Data Envelopment Analysis (DEA) basée sur l'optimisation linéaire pour mesurer séparément l'efficience technique des 59 banques conventionnelles et celle des 22 banques islamiques.

La suite de ce chapitre est organisée comme suit. Dans la deuxième section, nous introduirons les fondements théoriques de la mesure de l'efficience. La troisième section consiste en une brève revue de la littérature sur la mesure de l'efficience technique dans le secteur bancaire. La quatrième section abordera les données utilisées et présentera en détail le modèle DEA. La cinquième section sera dédiée à l'exposition des résultats et à leur interprétation. Enfin, nous conclurons avec la sixième section.

II. Fondements théoriques de la mesure de l'efficience

L'efficience est un concept largement étudié dans la littérature et largement utilisé ces dernières années par les professionnels de divers secteurs. La mesure de l'efficience devient complexe lorsqu'on cherche à établir des comparaisons entre plusieurs entités dont les données sont multiples et complexes, comme c'est le cas dans les secteurs bancaire et des assurances.

Farrell (1957) a été le premier à proposer une méthode pour évaluer empiriquement le degré d'efficience des unités de décision. Depuis, de très nombreuses recherches ont été menées. Ces recherches peuvent être scindées en deux approches : paramétriques et non paramétriques. L'approche est dite paramétrique lorsqu'une forme fonctionnelle est utilisée pour la frontière de production ; dans le cas contraire l'approche est dite non paramétrique.

Dans leur revue de littérature des études qui s'intéressent à la mesure de l'efficience dans le secteur bancaire, Berger et Humphrey (1997) recensent principalement cinq techniques différentes regroupées dans les deux approches suivantes :

✓ *L'approche non paramétrique :* il s'agit de la méthode d'enveloppement des données connue sous le nom Data Envelopment Analysis (DEA) et de la méthode connue sous le nom de Free Disposal Hull (FDH).

✓ *L'approche paramétrique :* il s'agit de l'approche de la frontière stochastique connue sous le nom Stochastic Frontier Analysis (SFA), de l'approche connue sous le nom de Free Distribution Analysis (DFA) et de l'approche Thick Frontier (TFA).

Dans les deux approches de mesure de l'efficience on fait souvent référence aux rendements d'échelle. Les rendements d'échelle représentent l'accroissement de l'efficience (faire avec moins de moyens) à la suite de l'augmentation des facteurs de production. Les économies d'échelle traduisent la baisse du coût moyen de production consécutive à une hausse de la production.

Les indicateurs des rendements d'échelle analysent la variation de l'activité d'une entreprise par rapport à la variation de ses facteurs de production. Les indicateurs des économies d'échelle sont les mêmes indicateurs, mais évalués en unité monétaire (au prix de la production et des facteurs de production) et non unités physiques (kg, m^2, nombre de pièces, etc.). Le changement d'unité est sans incidence sur l'analyse, et les deux expressions sont fréquemment utilisées l'une pour l'autre.

L'analyse économique s'intéresse au rendement d'échelle, parce qu'il détermine la quantité optimum traitée par une industrie, et donc la taille des firmes sur un marché. Les conditions techniques sont bien sûr le déterminant principal des rendements d'échelle, et le progrès technique fait bouger les choses.

Il existe trois types de rendements : Les rendements d'échelle croissants, les rendements d'échelle sont constants et les rendements d'échelle sont décroissants.

- Les rendements d'échelle sont *croissants* (loi des rendements croissants) lorsque la production varie de façon plus importante que la variation des facteurs de production utilisés. La production d'une unité supplémentaire s'accompagne alors d'une baisse du coût unitaire, et la même quantité de facteurs permet de produire plus. On parle dans ce cas-là d'économie d'échelle.
- Les rendements d'échelle sont *constants* lorsque la production varie dans la même proportion que celle des facteurs de production utilisés. Le coût reste lui aussi constant.
- Les rendements d'échelle sont *décroissants* lorsque la production varie de façon moins importante que la variation des facteurs de production utilisés. Ceci signifie que le coût marginal va en s'accroissant (plus on produit et plus il est coûteux de produire une unité supplémentaire) ou qu'il faut plus de facteurs pour produire une unité. Lorsque les rendements deviennent négatifs, on parle de gaspillage d'échelle ou déséconomie d'échelle.

Une définition plus formelle des rendements d'échelle pourrait être donnée se basant sur la notion de fonction de production. On dit qu'une fonction de production $F(K,L)$ possède des rendements d'échelle :

- Constants si $F(\lambda K,\lambda L) = \lambda F(K,L)$ (homogène de degré 1)
- Croissants si $F(\lambda K,\lambda L) > \lambda F(K,L)$ (homogène de degré >1)
- Décroissants si $F(\lambda K,\lambda L) < \lambda F(K,L)$ (homogène de degré <1)

K et L étant des facteurs de production, typiquement capital et travail, et λ étant le facteur d'échelle.

Dans la théorie de la mesure de l'efficience on distingue plusieurs types d'efficience.

Farrell (1957) a rejeté l'idée de la mesure de *l'efficience absolue* fondée sur une situation idéale prédéterminée, et a proposé la mesure de *l'efficience relative*, ou mesure de la déviation par rapport à la meilleure performance dans un groupe. Il a scindé l'efficience productive (ou économique) en deux composantes : l'efficience allocative et l'efficience technique.

L'efficience allocative (ou des prix) concerne la capacité à combiner les inputs et les outputs dans des proportions optimales, compte tenu des prix donnés sur le marché. En d'autres termes, elle reflète l'habileté de la banque à utiliser ses inputs et ses outputs dans des proportions optimales, au vu de leurs prix respectifs.

L'efficience technique (ou physique) concerne la capacité à éviter le gaspillage. L'entreprise est déclarée techniquement efficiente si, pour les niveaux d'inputs utilisés et d'outputs produits, il lui est impossible d'augmenter la quantité d'un output sans augmenter la quantité d'un ou de plusieurs inputs ou de réduire la quantité d'un autre output. Elle se décompose à son tour en efficience d'échelle et en efficience technique pure.

L'efficience d'échelle permet de rapporter la mesure de l'efficience technique aux rendements d'échelle obtenus pour les niveaux d'activité optimaux. Elle caractérise l'écart existant entre les performances constatées et celles qui seraient obtenues dans une situation d'équilibre concurrentiel de long terme où le profit est nul, c'est-à-dire par rapport à une situation où les rendements d'échelle sont constants. Ainsi, une entreprise est inefficiente d'échelle si sa situation initiale est caractérisée par des rendements d'échelle croissants ou décroissants.

L'efficience technique pure reflète la capacité d'une entreprise à optimiser sa production pour un niveau donné d'intrants (inputs) et, symétriquement, à minimiser ses consommations en ressources pour un niveau donné de production. Elle reflète l'organisation du travail à l'intérieur de l'unité de production, l'habilité d'organiser, de motiver et de surveiller efficacement les employés et les superviseurs ou encore l'habilité d'éviter les erreurs et les mauvaises décisions. Ces aspects de l'efficience sont souvent classés sous la rubrique « X-efficience ». Par conséquent, la mesure de l'efficience technique pure est indépendante des prix des produits et des intrants et de la disponibilité de ces derniers.

L'approche frontière de production (Farrell, (1957)) permet de distinguer l'efficience technique (produire le maximum d'output avec une quantité donnée d'inputs) de l'efficience allocative (choisir la meilleure combinaison productive d'inputs compte tenu de leurs prix).

La mesure de l'efficience/l'inefficience peut être orientée input ou output. Le choix de l'orientation de la mesure de l'efficience se fait selon l'objectif que l'on s'est fixé. Si nous voulons répondre à la question de savoir « *de quelle quantité les inputs doivent être réduits tout en maintenant constant le niveau actuel de production* », nous optons pour une mesure de l'efficience à orientation input. A l'inverse, nous choisirons une mesure de l'efficience à orientation output si nous voulons savoir « *de quelle quantité augmenter les outputs sans changer les quantités d'inputs utilisées* ».

Comme mentionné précédemment, le choix d'une mesure selon l'orientation dépend des objectifs de départ. Mais, quel que soit l'orientation choisie, chacune des mesures se subdivise en efficience technique et efficience allocative.

En résumé, une mesure d'efficience à orientation input a comme objectif la minimisation des coûts. A l'opposé, la mesure d'efficience à orientation output a comme objectif la maximisation des revenus. Cependant, il faut noter que la minimisation des coûts est une condition nécessaire mais pas suffisante à la maximisation des revenus. Théoriquement, une institution est économiquement efficiente si elle produit le niveau d'output tout en choisissant une combinaison qui permet de maximiser les revenus et de minimiser dans la mesure du possible les coûts.

III. Revue de littérature

La méthode Data Envelopment Analysis (DEA) a été largement appliquée au cours des vingt dernières années dans divers domaines, et de nombreux ouvrages lui ont été consacrés.

Becker et al. (2011) ont créé en 2011 un site web deabib.org qui fournit une base de données bibliographique sur les applications de la méthode DEA dans tous les domaines. Cette base de données couvre plus de 5000 papiers publiés dans des journaux scientifiques dans la période 1950-2011.

La méthode DEA comprend deux modèles de base : le modèle DEA de Charnes-Cooper-Rhodes (CCR) (1978), qui repose sur l'hypothèse de rendements d'échelle constants, et le modèle DEA de Banker-Charnes-Cooper (BCC) (1984), qui repose sur l'hypothèse de rendements d'échelle variables.

Malgré une abondante littérature sur la mesure de l'efficience bancaire à l'échelle mondiale, peu d'études ont été réalisées dans le contexte de la région MENA, en particulier celles qui examinent la performance des banques islamiques et conventionnelles. Ci-dessous, nous décrivons brièvement quelques études consacrées à l'évaluation de l'efficience dans le domaine bancaire.

En appliquant la méthode DEA à 111 banques de 10 pays sur la période 1996-2002, Mariani et al (2010) ont constaté que l'efficience des banques islamiques était supérieure à celle des banques conventionnelles.

Eisazadeh et Shaeri (2012) ont étudié les effets des facteurs institutionnels sur l'efficience de 266 banques de 19 pays de la région MENA au cours de 14 dernières années allant de 1995 à 2008. Ils ont utilisé la méthode Stochastic Frontier et la méthode de la régression Tobit pour étudier l'impact des variables institutionnelles et financières ainsi que des variables spécifiques sur l'efficience. Leur analyse montre que les facteurs qui affectent l'efficience de la production sont la stabilité macroéconomique, le développement financier, le degré de concurrence sur le marché, les droits légaux et les lois sur les contrats, une meilleure gouvernance et la stabilité politique.

Johnes et al (2012) ont examiné l'efficience des banques islamiques et conventionnelles dans les pays du Conseil de Coopération du Golfe (CCG) au cours de la période 2004-2007 en utilisant la méthode DEA. Les résultats suggèrent que l'efficience moyenne était significativement plus faible dans les banques islamiques.

Titko et al. (2014) ont appliqué la méthode non paramétrique Data Envelopment Analysis pour mesurer l'efficience des banques de la Lettonie. Ils ont choisi l'approche orientée input avec l'hypothèse de rendements d'échelle variables. Ils ont trouvé que les meilleurs scores d'efficience ont été enregistré par les banques Swedbank, ABLV Bank, NORVIK BANKA et Latvijas pasta banka. Alors que les banques TRASTA KOMERCBANKA, PrivatBank et Regionala investiciju sont inefficientes.

Apergis et Polemis (2016) ont évalué empiriquement la relation entre la concurrence et l'efficience dans le secteur bancaire de 10 pays de la région MENA couvrant la période 1997-2011. Les résultats empiriques fournissent des preuves de la présence d'une causalité à sens unique (négative) de Granger, allant de l'efficience à la concurrence.

Bahrini (2017) a utilisé l'approche bootstrap Data Envelopment Analysis (DEA) pour estimer l'efficience technique, l'efficience technique pure et l'efficience d'échelle. Les principaux résultats montrent que l'inefficience technique pure était la principale source d'inefficience technique. Les résultats montrent que les banques islamiques du CCG avaient des scores d'efficience stables pendant la crise financière mondiale de 2007-2008 et au début de la période post-crise 2009-2010. Cependant, une baisse de l'efficience technique de toutes banques islamiques de la région MENA a été enregistrée au cours des deux dernières années de la période d'étude 2011-2012.

Huichen et Yifan (2018) ont utilisé la méthode Data Envelopment Analysis combiné avec la méthode de Malmquist de productivité totale des facteurs pour estimer l'efficience et le changement de productivité de 17 banques chinoises cotées en bourse opérant dans la période 2012–2017. Les résultats ont montré que 12 des 17 banques ont amélioré leur efficience technique. L'efficience technique de trois banques est restée la même, tandis que celle de deux banques a légèrement baissé de moins de 1,0 %.

Bekakria et Azzouz (2020) ont comparé l'efficience technique de 10 banques islamiques et de 8 banques conventionnelles opérant dans la zone MENA par la méthode DEA durant la période 2016-2018. L'examen montre l'absence d'une différence significative entre l'efficience des banques islamiques et des banques conventionnelles. Pour les trois années, les deux types de banques ont enregistré des degrés d'efficience très proches les unes des autres.

Tahi et al. (2020) ont mesuré l'efficience technique de 66 banques (47 banques conventionnelles et 19 banques islamiques) de 6 pays sélectionnés dans la région MENA sur la période 2010-2014 grâce au modèle DEA. Leurs résultats suggèrent que les banques conventionnelles sont techniquement plus efficientes que les banques islamiques sous l'hypothèse de rendements d'échelle constants.

Rizk (2022) a étudié l'efficience dans la région MENA tout au long de la période 1999-2017. L'étude révèle l'existence de défaillances dans l'allocation des ressources aux secteurs bancaires.

Alber et Attia (2022) ont exploré la relation causale entre l'efficience, la concurrence et la concentration des banques dans les systèmes bancaires de 15 pays de la région MENA, sur la période 2008-2018. Ils ont mesuré l'efficience bancaire par la méthode DEA. Les résultats indiquent la présence d'un effet significatif de l'efficience bancaire sur la concurrence bancaire et la concentration bancaire.

Syaputra et Abidin (2022) ont mesuré les scores d'efficience technique des banques régionales de développement de l'Indonésie pour la période 2019-2020. Les données utilisées dans leur étude sont des données secondaires provenant des publications de la Banque d'Indonésie et des bilans et comptes de résultat. La technique d'échantillonnage est effectuée par la méthode d'échantillonnage raisonné, à savoir la technique de détermination de l'échantillon avec certaines considérations ou critères. L'échantillon de leur étude comprend 26 banques dans toute l'Indonésie. La technique d'analyse de données utilisée est l'approche non paramétrique Data Envelopment Analysis (DEA). Les variables d'inputs comprennent les dépôts, les frais généraux, les intérêts débiteurs et les variables d'outputs comprennent les prêts, les revenus d'intérêts et les revenus d'exploitation autres que les intérêts. Les résultats de l'analyse de leur recherche ont montré que les banques étudiées d'Indonésie ne sont pas toujours efficientes dans la réalisation de leurs activités opérationnelles.

IV. Données et méthodologie

IV.1 Données

Cette section vise principalement à évaluer l'efficience technique globale ainsi que ses deux composantes : l'efficience technique pure et l'efficience d'échelle, pour un total de 81 banques réparties dans 12 pays de la région MENA. Ces pays incluent l'Arabie Saoudite, les Émirats Arabes Unis, le Bahreïn, le Koweït, le Qatar, Oman, la Jordanie, le Liban, l'Égypte, la Tunisie, l'Algérie et le Maroc. L'échantillon se compose de 59 banques conventionnelles et de 22 banques islamiques.

Un des principaux défis dans l'étude de l'efficience des banques est la détermination des inputs (intrants) et des outputs (extrants). Les chercheurs divergent souvent sur la définition des productions bancaires, compliquant ainsi l'évaluation de leur efficience. Deux approches principales existent pour mesurer les outputs des banques : l'approche de production et l'approche d'intermédiation.

Selon l'approche de production, les banques sont vues comme des entités qui produisent des services financiers en gérant des comptes de différentes tailles, traitant les dépôts et les prêts, et supportant des coûts de capital et de main-d'œuvre. Dans ce cadre, les outputs des banques comprennent les comptes clients et les transactions, tandis que les inputs sont principalement le capital et la main-d'œuvre nécessaires pour fournir ces services.

En revanche, l'approche d'intermédiation perçoit les banques comme des intermédiaires financiers. Dans ce contexte, les banques utilisent les dépôts collectés, ainsi que la main-d'œuvre et le capital, pour générer des prêts et des investissements. Les outputs sont donc les prêts et les investissements, tandis que les inputs incluent les dépôts, la main-d'œuvre et le capital.

Ces deux approches reflètent des perspectives différentes sur le rôle et la fonction des banques, influençant ainsi les méthodes utilisées pour évaluer leur performance et leur efficience. L'approche choisie peut avoir un impact significatif sur les résultats de l'analyse, car elle détermine quels éléments sont considérés comme intrants et extrants dans le modèle d'efficience. Cette divergence de points de vue souligne l'importance de la spécification correcte des inputs et outputs dans les études d'efficience bancaire, car elle affecte directement les conclusions tirées sur la performance des banques.

Cette étude adopte l'approche d'intermédiation pour définir les variables inputs et outputs des banques. Ce choix est justifié par plusieurs raisons :

1. Rôle fondamental des banques : L'approche d'intermédiation reflète plus fidèlement le rôle principal des banques en tant qu'intermédiaires financiers. Les banques collectent des dépôts et utilisent ces fonds, en combinaison avec le capital et la main-d'œuvre, pour produire des prêts et des investissements. Cette perspective capture l'essence de l'activité bancaire, qui est de faciliter le flux de fonds entre les déposants et les emprunteurs.
2. Alignement avec les objectifs de l'efficience : En se concentrant sur la manière dont les banques utilisent les ressources pour générer des prêts et des investissements, cette approche permet une évaluation plus pertinente de l'efficience des banques. Elle met en lumière la capacité des banques à transformer les intrants en extrants financiers, ce qui est crucial pour apprécier leur performance économique.
3. Considérations empiriques : De nombreuses études empiriques sur l'efficience bancaire adoptent l'approche d'intermédiation, ce qui facilite la comparaison des résultats avec des travaux antérieurs et enrichit la robustesse des conclusions. Cette approche est largement reconnue et acceptée dans la littérature académique, offrant une base solide pour l'analyse.
4. Prise en compte des opérations bancaires complexes : L'approche d'intermédiation permet d'inclure une gamme plus large d'activités bancaires, telles que les investissements et les prêts diversifiés. Elle offre une vue d'ensemble plus complète des opérations bancaires, intégrant les aspects clés de la gestion des fonds et des risques financiers.

En adoptant l'approche d'intermédiation, cette étude bénéficie d'un cadre théorique et pratique bien établi, qui facilite l'analyse de l'efficience bancaire de manière exhaustive et rigoureuse.

Il convient de noter que les "Unités de Décision" ou "Unités de Gestion" (DMU pour Decision Making Units) sont les entités analysées dans les études d'efficience, telles que les banques dans cette étude. Nous utiliserons la notation DMU tout au long de ce chapitre.

Le choix du nombre d'inputs et d'outputs est effectué en respectant les recommandations de l'approche DEA (Cooper et al., 2002) :

$$N \geq Max\big(I \times J, 3(I + I)\big) \quad (1)$$

où :

N = nombre de $DMUs$; I = nombre d'inputs ; J = nombre d'outputs

Dans le cadre de cette étude, nous avons sélectionné trois variables d'entrée (inputs) et deux variables de sortie (outputs), comme indiqué ci-dessous :

Input 1	Input 2	Input 3
Dettes hormis les capitaux propres	Charges générales d'exploitation	Dotations aux amortissements

Output 1	Output 2
Total actif (hormis les immobilisations)	Produit net bancaire

Toutes les données ont été extraites des bilans ou des comptes de résultats des 81 banques incluses dans l'étude. Seules les données disponibles pour les pays et les banques ont été incluses dans la base de données. Le tableau 1 présente les 59 banques conventionnelles, tandis que le tableau 3 répertorie les 22 banques islamiques.

Tableau 1 : 59 Banques Conventionnelle de 11 pays de la région MENA

Pays	N°	Banque	Pays	N°	Banque
Bahreïn	1	Ahli United Bank	Liban	30	Bank Audi
	2	Alubaf Arab International Bank		31	Bank of Beirout
	3	Arab Banking Corporation		32	Crédit Libanais
Algérie	4	BNP Paribas Al-djazair		33	Saradar Bank
	5	Fransabank El Djazaïr SPA	Maroc	34	Al Barid Bank
	6	Société générale Algérie		35	Attijariwafa Bank
E	7	Abu Dhabi Commercial Bank		36	Bank of Africa

	8	Bank of Sharjah		37	Banque Centrale Populaire
	9	Commercial Bank of Dubai		38	Banque marocaine pour le commerce et l'industrie
	10	Emirates NBD		39	Crédit Agricole du Maroc
	11	First Abu Dhabi Bank		40	Crédit Immobilier et Hôtelier
	12	National Bank of Fujairah		41	Crédit du Maroc
	13	National Bank of Ras Al Khaimah		42	Société générale Maroc
	14	National Bank of Umm Al Qaiwain		43	CaixaBank Casablanca
	15	United Arab Bank		44	CDG Capital
Egypte	16	Bank of Alexandria		45	CFG Bank
	17	Banque du Caire		46	CITIBANK Maghreb
	18	Commercial International Bank	Oman	47	Bank Dhofar
	19	HSBC Bank Egypt S.A.E.		48	Bank Muscat
Jordanie	20	Arab Jordan Investment Bank		49	Oman Arab Bank
	21	Bank of Jordan	Qatar	50	Ahli Bank
	22	Capital Bank of Jordan		51	Commercial Bank of Qatar
	23	Jordan Ahli Bank		52	Doha bank
	24	Jordan Commercial Bank	Tunisie	53	Bank ABC tunisia
Koweït	25	Al Ahli Bank of Kuwait		54	Amen Bank
	26	Burgan Bank		55	Banque de Tunisie
	27	Commercial Bank of Kuwait		56	Banque internationale arabe de Tunisie
	28	Gulf Bank		57	Banque Tunisie arabe
	29	National Bank of Kuwait		58	Société Tunisienne de Banque
				59	Tunisian Saudi Bank

Tableau 2 : 22 Banques islamiques de 7 pays de la région MENA

Pays	N°	Banque	Pays	N°	Banque
Bahreïn	1	Al Salam Bank	Emirates Arabes Unis	12	Ajman Bank
	2	Bahrain Islamic Bank		13	Al Hilal Bank
Arabie Saoudite	3	Bank Aljazira		14	Dubai Islamic Bank
	4	Al Rajhi bank	Maroc	15	Al Akhdar Bank
	5	Alimna Bank		16	Bank Assafa
	6	Arab National Bank		17	Umina bank
	7	Bank Al Bilad	Oman	18	Alizz Islamic Bank
	8	Banque Britannique Saoudienne	Qatar	19	Masraf Al Rayan bank
	9	Banque Saudi Fransi		20	Qatar Islamic Bank
	10	National Commercial Bank ou Saudi National Bank	Tunisie	21	Banque Al-Baraka Tunisie
	11	Ryad Bank		22	Banque Zitouna

IV.2 Méthodologie

L'histoire de la méthode DEA (Data Envelopment Analysis) trouve ses origines dans la thèse de doctorat d'Edwardo Rhodes en 1978 à l'École des Affaires Publiques et Urbaines de l'Université Carnegie Mellon. Dans sa thèse, Rhodes (1978) a évalué le Programme Follow Through (PFT), un programme éducatif destiné aux étudiants défavorisés, principalement des étudiants afro-américains ou hispaniques, mis en œuvre dans les écoles publiques américaines avec le soutien du gouvernement fédéral. Son analyse a consisté à comparer les performances d'un groupe apparié de districts scolaires ayant participé au PFT avec ceux qui n'ont pas participé au programme.

Ci-dessous, nous exposons la méthode DEA à travers une introduction conceptuelle et méthodologique, décrivant les différents modèles DEA, notamment le modèle CCR (Charnes et al. (1978)) sous l'hypothèse de rendements d'échelle constants, et le modèle BCC (Banker et al. (1984)) sous l'hypothèse de rendements d'échelle variables.

➢ Présentation de la méthode de l'Analyse par Enveloppement de Données (DEA)

L'Analyse par Enveloppement de Données (DEA) est une méthode d'évaluation de l'efficience relative des unités de décision, telles que les entreprises, les banques, les hôpitaux, etc. Elle permet de comparer la performance relative de ces unités en mesurant leur capacité à transformer les intrants (inputs) en extrants (outputs) de manière efficiente. C'est une méthode non paramétrique qui se base sur les techniques de programmation linéaire.

Concrètement, la méthode DEA évalue l'efficience en comparant chaque unité à un "enveloppement" (enveloppe) formé par les meilleures performances observées parmi les autres unités. Les unités qui se trouvent sur la frontière d'efficience sont considérées comme étant efficientes, tandis que celles situées en dessous de cet enveloppement sont considérées comme inefficientes.

La méthode DEA permet également de déterminer les sources spécifiques d'inefficience pour chaque unité, ce qui peut fournir des indications précieuses pour l'amélioration des performances.

Il existe différents modèles DEA, dont les plus couramment utilisés sont le modèle CCR (Charnes, Cooper, et Rhodes (1978)) qui suppose des rendements d'échelle constants, et le modèle BCC (Banker,

Charnes, et Cooper (1984)) qui permet des rendements d'échelle variables.

En résumé, la DEA est une méthode puissante pour évaluer l'efficience relative des unités de décision et identifier les meilleures pratiques à suivre pour améliorer les performances.

Dans cette sous-section et les suivantes, nous examinons minutieusement la formulation mathématique de la méthode DEA.

- ***Définition de l'efficience relative :***

Supposons que l'échantillon étudié contient *N* unités de décision DMU_n, pour $1 \leq n \leq N$. Chaque unité de décision DMU_n, consomme l'ensemble de *I* inputs $X_n = \{x_{in}/1 \leq i \leq I\}$ et produit un ensemble de *J* outputs $Y_n = \{y_{jn}/1 \leq j \leq J\}$.

Considérons une unité de décision DMU_m (pour $1 \leq m \leq N$). L'indicateur (ou le score) d'efficience de la DMU_m est le rapport E_m défini par :

$$E_m = \frac{Somme\ pondérée\ des\ outputs\ de\ la\ DMU_m}{Somme\ pondérée\ des\ inputs\ de\ la\ DMU_m} \Leftrightarrow$$

$$E_m = \frac{\sum_{j=1}^{J} v_{jm} \times y_{jm}}{\sum_{i=1}^{I} u_{im} \times x_{im}} \qquad (2)$$

avec :

y_{jm} : $j^{ème}$ output de la DMU_m ; x_{im} : $i^{ème}$ input de la DMU_m
u_{im} : coefficient de pondération du $i^{ème}$ input ; v_{jm}: coefficient de pondération du $j^{ème}$ output

La frontière d'efficience (enveloppe) est constituée des unités de décision affichant des scores égaux à 1. L'inefficience technique d'une DMU quelconque de l'échantillon correspond ainsi à la distance qui la sépare de l'enveloppe. Elle est une inefficience relative dans la mesure où elle dépend des DMU les plus performantes de l'échantillon.

Pour chaque DMU inefficiente, l'analyse DEA identifie les sources et le niveau d'inefficience pour chacun des inputs et des outputs. Le niveau d'inefficience est déterminé par comparaison à une seule DMU de référence ou une combinaison convexe d'autres DMU de référence, situées sur la frontière d'efficience, qui utilisent le même niveau d'inputs et produisent le même ou un niveau supérieur d'outputs ; ceci est obtenu en demandant aux solutions de satisfaire des contraintes d'inégalité qui peuvent accroître certains outputs (ou diminuer certains inputs) sans avoir un effet négatif sur les autres inputs ou outputs.

De toute évidence, le problème le plus important à ce stade est l'évaluation des poids u_{im} et v_{jm}. C'est un problème délicat car il n'existe pas d'ensemble unique de poids. Cette question d'attribution de poids est abordée dans la méthode DEA en assignant un ensemble unique de poids pour chaque DMU.

Les poids pour la DMU_m sont déterminés, en utilisant *la programmation mathématique*, comme étant les poids qui permettent de *maximiser* l'efficience de DMU_m à la condition que les efficiences des autres DMU (calculées en utilisant le même ensemble de poids) soient limitées à des valeurs comprises entre 0 et 1. Ceci est formulé dans le programme suivant.

- ***Programme DEA fractionnaire :***

Le programme mathématique qui permet l'évaluation de l'efficience de la DMU_m est :

$$\underset{u_{im},v_{jm}}{\text{Max}}\ z_m = \frac{\sum_{j=1}^{J} v_{jm} \times \boldsymbol{y_{jm}}}{\sum_{i=1}^{I} u_{im} \times \boldsymbol{x_{im}}}$$

$$\begin{cases} 0 \leq \dfrac{\sum_{j=1}^{J} v_{jm} \times \boldsymbol{y_{jn}}}{\sum_{i=1}^{I} u_{im} \times \boldsymbol{x_{in}}} \leq 1, \quad 1 \leq n \leq N \\ u_{im} \geq 0, v_{jm} \geq 0, \quad 1 \leq i \leq I, 1 \leq j \leq J \end{cases} \tag{3}$$

L'objectif est de chercher les poids u_{im} et v_{jm} qui maximisent le ratio z_m de la DMU_m. En vertu des contraintes, la valeur optimale z_m^* est par construction comprise entre 0 et 1.

Cette formulation *rationnelle* du programme mathématique pose le problème de l'existence d'une infinité de solutions $u_m = (u_{1m}, u_{2m}, \cdots, u_{Im})$ et $v_m = (v_{1m}, v_{2m}, \cdots, v_{Jm})$. En effet, il est clair que si u_m^* et v_m^* sont des solutions du programme mathématique alors $\alpha . u_m^*$ et $\alpha . v_m^*$ constituent également des solutions. Ce problème sera surmonté plus loin en ramenant le problème mathématique *rationnel* à un programme *linéaire*.

Deux modèles existent dans la famille de DEA : le modèle CCR, du nom de leurs auteurs Charnes et al (1978) et le modèle BCC du no, de leurs auteurs Banker et al (1984). Le modèle CCR sert à mesurer *l'efficience globale* de chaque DMU en supposant que les *rendements d'échelle sont constants*, tandis que le modèle BCC, extension du modèle CCR, décompose *l'efficience globale* en deux composantes: *l'efficience technique pure* et *l'efficience d'échelle* en prenant en compte les *rendements d'échelle variables*.

Les scores d'efficience peuvent être mesurés en suivant deux types d'orientation, l'orientation input où il est possible de produire autant en réduisant les intrants et l'orientation output où il est possible de produire plus avec les mêmes intrants.

Pour surmonter le problème des programmes fractionnaires il convient de normaliser le numérateur ou le dénominateur de la fonction objectif.

A) Les modèles DEA-CCR :

- ***Le modèle DEA-CCR des Multiplicateurs de Maximisation-Output :***

En normalisant à 1 le dénominateur de la fonction objectif on obtient le programme :

$$\underset{u_{im},v_{jm}}{\text{Max}}\ z_m = \sum_{j=1}^{J} v_{jm} \times y_{jm}$$

$$\begin{cases} \sum_{i=1}^{I} u_{im} \times x_{im} = 1 \\ \sum_{j=1}^{J} v_{jm} \times y_{jn} - \sum_{i=1}^{I} u_{im} \times x_{in} \leq 0\,, 1 \leq n \leq N \\ u_{im} \geq 0 \text{ et } v_{jm} \geq 0, 1 \leq i \leq I \text{ et } 1 \leq j \leq J \end{cases} \quad (4)$$

u_{im} et v_{jm} : *multiplicateurs-inputs* et *multiplicateurs-outputs*

- ***Ecriture matricielle du modèle DEA-CCR de Maximisation-Output:***

En posant :

$$U_m = \begin{pmatrix} u_{1m} \\ u_{2m} \\ \vdots \\ u_{Im} \end{pmatrix}, \ V_m = \begin{pmatrix} v_{1m} \\ v_{2m} \\ \vdots \\ v_{Jm} \end{pmatrix},$$

$$X_m = \begin{pmatrix} x_{1m} \\ x_{2m} \\ \vdots \\ x_{Im} \end{pmatrix}, X_n = \begin{pmatrix} x_{1n} \\ x_{2n} \\ \vdots \\ x_{In} \end{pmatrix},$$

$$Y_m = \begin{pmatrix} y_{1m} \\ y_{2m} \\ \vdots \\ y_{Jm} \end{pmatrix}, Y_n = \begin{pmatrix} y_{1n} \\ y_{2n} \\ \vdots \\ y_{Jn} \end{pmatrix} \text{ pour } 1 \leq n \leq N$$

$$X_n^t = transposée\ de\ X_n = (x_{1m}\ \ x_{2m} \cdots x_{Im}\ )$$

$$X = (X_1\ \ X_2\ \ \cdots\ \ X_N) = (x_{in})_{\substack{1 \leq i \leq I \\ 1 \leq n \leq N}}$$

$$Y = (Y_1\ \ Y_2\ \ \cdots\ \ Y_N) = (y_{jn})_{\substack{1 \leq j \leq J \\ 1 \leq n \leq N}}$$

on obtient la forme matricielle du modèle DEA-CCR de Maximisation-Output:

$$\max_{U_m, V_m} z_m = V_m^t \cdot Y_m$$

$$\begin{cases} U_m^t \cdot X_m = 1 \\ V_m^t \cdot Y - U_m^t \cdot X \leq 0 \\ U_m \geq 0, V_m \geq 0 \end{cases} \qquad (5)$$

U_m: *vecteurs multiplicateurs-inputs* ;
V_m : *vecteurs multiplicateurs-outputs.*

Les solutions optimales de ce modèle sont notées (z_m^*, U_m^*, V_m^*).

- ***Définition : CCR-efficience***

On dit que la DMU_m est *CCR-efficiente* si elle satisfait aux deux conditions suivantes :

1) $z_m^* = 1$
2) Il existe au moins une solution (U_m^*, V_m^*) telle que $U_m^* > 0$ et $V_m^* > 0$

- ***Le modèle DEA-CCR des Multiplicateurs de Minimisation-Input : forme matricielle***

En gardant les mêmes notations que précédemment et en posant :

$$Q_m = \begin{pmatrix} q_{1m} \\ q_{2m} \\ \vdots \\ q_{Im} \end{pmatrix} \text{ et } R_m = \begin{pmatrix} r_{1m} \\ r_{2m} \\ \vdots \\ r_{Jm} \end{pmatrix}$$

on obtient le modèle DEA-CCR des Multiplicateurs de Minimisation–Input :

$$\min_{U_m,V_m} w_m = Q_m^t \cdot X_m$$
$$\begin{cases} R_m^t \cdot Y_m = 1 \\ R_m^t \cdot Y - Q_m^t \cdot X \leq 0 \\ Q_m \geq 0, R_m \geq 0 \end{cases} \quad (6)$$

Q_m : *vecteurs multiplicateurs-inputs*
R_m : *vecteurs multiplicateurs-outputs*

Ces deux modèles DEA-CCR des Multiplicateurs sont ceux que Charnes et al. (1978) ont initialement introduit en 1978. En 1979, Charnes et al. (1979) ont apporté une modification mineure. Dans un programme linéaire conventionnel, les variables de décision sont non-négatives, c'est à dire elles sont supposées être positives ou nulles. Cependant, Charnes et al. (1979) ont changé cette hypothèse en imposant aux variables de décision d'être strictement positives. Ils ont donc changé les contraintes de non négativité :

$u_{im} \geq 0$ et $v_{jm} \geq 0$; $(1 \leq i \leq I$ et $1 \leq j \leq J) \Leftrightarrow U_m \geq 0, V_m \geq 0$

par les contraintes de strict positivité :

$u_{im} > 0$ et $v_{jm} > 0$; $(1 \leq i \leq I$ et $1 \leq j \leq J) \Leftrightarrow U_m > 0, V_m > 0$

ou encore par :

$u_{im} > \varepsilon$ et $v_{jm} > \varepsilon$; $(1 \leq i \leq I$ et $1 \leq j \leq J) \Leftrightarrow$

$$U_m > \varepsilon . E_I^t, V_m > \varepsilon . E_J^t$$

où $E_I = \left(\underbrace{1\ 1\ \cdots 1 \cdots 1}_{I-fois}\right), E_J = \left(\underbrace{1\ 1\ \cdots 1 \cdots 1}_{J-fois}\right)$ et ε est une constante infinitésimale ou non-archimédienne, généralement de l'ordre de 10^{-5} ou 10^{-6}. La constante infinitésimale ε a été introduite par Charnes et al. (1979) pour distinguer les DMUs qui ont un score d'efficience égale à 1 et dont les input-slacks ou output-slacks ne sont pas nuls. Avec ces nouvelles contraintes, les deux modèles des multiplicateurs changent de forme.

- ***Le modèle DEA-CCR des Multiplicateurs de Maximisation-Output (avec cte ε)***

$$\max_{U_m,V_m} z_m = V_m^t \cdot Y_m$$
$$\text{SC} \begin{cases} U_m^t \cdot X_m = 1 \\ V_m^t \cdot Y - U_m^t \cdot X \leq 0 \\ U_m \geq \varepsilon, V_m \geq \varepsilon \end{cases} \quad (7)$$

- ***Le modèle DEA-CCR des Multiplicateurs de Minimisation-Input (avec cte ε)***

$$\min_{Q_m,R_m} w_m = Q_m^t \cdot X_m$$
$$\text{SC}\begin{cases} R_m^t \cdot Y_m = 1 \\ R_m^t \cdot Y - Q_m^t \cdot X \leq 0 \\ Q_m \geq \varepsilon.E_I^t, R_m \geq \varepsilon.E_J^t \end{cases} \quad (8)$$

Dans ce qui suit nous décrivons les *modèles DEA-CCR à Enveloppement* qui sont les programmes duaux des modèles DEA-CCR des Multiplicateurs précédents.

- ***Les modèles DEA-CCR à Enveloppement :***

La théorie de la programmation linéaire affirme que tout problème de la programmation linéaire (généralement appelé problème primal) est étroitement lié à un autre programme appelé problème dual.

✓ ***Modèle DEA-CCR à Enveloppement et à Orientation-Input (avec cte ε):***

$$\min_{\theta_m \Lambda, S^+, S^-} \phi_m = \theta_m - \varepsilon\left(E_J.S^+ + E_I.S^-\right)$$
$$\begin{cases} Y.\Lambda - S^+ = Y_m \\ \theta_m.X_m - X.\Lambda - S^- = 0 \\ \Lambda \geq 0, S^+ \geq 0, S^- \geq 0, \theta_m \in \mathbb{R} \end{cases} \quad (9)$$

avec

$$S^+ = \begin{pmatrix} s_1^+ \\ s_2^+ \\ \vdots \\ s_j^+ \\ \vdots \\ s_J^+ \end{pmatrix}, \quad S^- = \begin{pmatrix} s_1^- \\ s_2^- \\ \vdots \\ s_i^- \\ \vdots \\ s_I^- \end{pmatrix}, \quad \Lambda = \begin{pmatrix} \lambda_1 \\ \lambda_2 \\ \vdots \\ \lambda_n \\ \vdots \\ \lambda_N \end{pmatrix}, E_I =$$

$$\left(\underbrace{1\ 1\ \cdots 1 \cdots 1}_{I-fois}\right), E_J = \left(\underbrace{1\ 1\ \cdots 1 \cdots 1}_{J-fois}\right)$$

$$X_n = \begin{pmatrix} x_{1n} \\ x_{2n} \\ \vdots \\ x_{In} \end{pmatrix}, \quad Y_n = \begin{pmatrix} y_{1n} \\ y_{2n} \\ \vdots \\ y_{Jn} \end{pmatrix} \text{ pour } 1 \leq n \leq N$$

$$X = (X_1 \quad \cdots \quad X_N) = (x_{in})_{\substack{1\leq i\leq I \\ 1\leq n\leq N}}, \quad Y = (Y_1 \quad \cdots \quad Y_N) = \left(y_{jn}\right)_{\substack{1\leq j\leq J \\ 1\leq n\leq N}}$$

Nous avons signalé auparavant que la constante infinitésimale ε a été introduite par les Charnes et al. (1979) pour distinguer les DMU *faiblement* efficientes des DMU *fortement* efficientes. Cependant, les valeurs numériques de ε devraient être choisies dans les calculs beaucoup plus petites que les valeurs numériques des inputs et outputs de manière à ce qu'elles n'affectent pas l'optimisation. Une procédure d'optimisation à deux phases a été suggérée par Ali et Seiford (1993) et Joro et al (1998) pour surmonter ce problème technique.

✓ ***Résolution en deux phases :***

Phase 1 : On résout le programme DEA-CCR à Enveloppement et à Orientation-Output sans la constante infinitésimale ε

$$\min_{\theta_m,\Lambda} \phi_m = \theta_m$$
$$\begin{cases} Y.\Lambda \geq Y_m \\ \theta_m.X_m \leq X.\Lambda \\ \Lambda \geq 0, \theta_m \in \mathbb{R} \end{cases} \tag{10}$$

On note θ_m^* la solution optimale de ce programme.

Phase 2 : On utilise la solution optimale θ_m^* de la phase 1 pour résoudre le programme de maximisation (des slacks) suivant

$$\min_{\Lambda,S^+,S^-} E_J.S^+ + E_I.S^-$$
$$\begin{cases} Y.\Lambda - S^+ = Y_m \\ \theta_m^*.X_m - X.\Lambda - S^- = 0 \\ \Lambda \geq 0, S^+ \geq 0, S^- \geq 0 \end{cases} \tag{11}$$

La solution optimale de ce programme sera notée $(\Lambda^*, S^{+*}, S^{-*})$

✓ *Définition : Vecteur des inputs en Excès (*Inputs-Slacks*) et vecteur des outputs en Déficits (*Outputs-Slacks*)*

Les vecteurs S^+ et S^- solutions de la phase 2 et définis par :

$$\begin{cases} S^+ = Y.\Lambda^* - Y_m \\ S^- = \theta_m^*.X_m - X.\Lambda^* \end{cases} \tag{12}$$

s'appellent respectivement *Vecteur des Inputs en Excès* et *Vecteur des Outputs en Déficits.*

✓ *Définition : Solution Max-Slack, solution Zéro-Slack*

La solution optimale $(\Lambda^*, S^{+*}, S^{-*})$ du PL de la phase 2 s'appelle la solution Max-Slack. Si la solution Max-Slack satisfait $S^+ = 0$ et $S^- = 0$ alors elle est appelée solution Zéro-Slack.

✓ *Définition : CCR-Efficience, Efficience Radiale, Efficience Technique, Mix-Inefficience*

Si une solution optimale $(\theta_m^*, \Lambda^*, S^{+*}, S^{-*})$ des PL des deux phases vérifie $\theta_m^* = 1$ et est Zéro-Slack ($S^+ = 0, S^- = 0$) alors la DMU_m est dite *CCR-efficiente*. Sinon elle est dite *CCR-inefficiente*. Si uniquement la première condition est satisfaite alors la DMU_m est dite *radialement efficiente*. Si la deuxième condition n'est pas satisfaite alors on parle de *Mix-inefficience*.

✓ *Définition : Ensemble de référence d'une DMU inefficiente*

Soit $(\Lambda^*, S^{+*}, S^{-*})$ la solution Max-Slack du PL de la phase 2 de la DMU_m. Si la DMU_m est CCR-inefficiente alors on définit l'ensemble de référence de la DMU_m, noté E_m :

$$E_m = \{n/\lambda_n^* > 0, 1 \leq n \leq N\} \tag{13}$$

La solution optimale $(\Lambda^*, S^{+*}, S^{-*})$ vérifie alors :

$$Y_m = Y.\Lambda^* - S^{+*} = (Y_1 \; Y_2 \; \cdots \; Y_n \cdots \; Y_N).\begin{pmatrix} \lambda_1^* \\ \lambda_2^* \\ \vdots \\ \lambda_n^* \\ \vdots \\ \lambda_N^* \end{pmatrix} - S^{+*}$$

$$= \sum_{n \in E_m} \lambda_n^*.Y_n - S^{+*}$$

$$\theta_m^*.X_m = X.\Lambda^* + S^{-*} = (X_1 \; X_2 \; \cdots \; X_n \cdots \; X_N).\begin{pmatrix} \lambda_1^* \\ \lambda_2^* \\ \vdots \\ \lambda_n^* \\ \vdots \\ \lambda_N^* \end{pmatrix} + S^{-*}$$

$$= \sum_{n \in E_m} \lambda_n^*.X_n + S^{-*}$$

Il est clair que :

$$\begin{cases} X_m \geq \theta_m^*.X_m - S^{-*} = \sum_{n \in E_m} \lambda_n^*.X_n \\ Y_m \leq Y_m + S^{+*} = \sum_{n \in E_m} \lambda_n^*.Y_n \end{cases} \tag{14}$$

Ces inégalités suggèrent que l'efficience de la DMU_m peut être améliorée en réduisant radialement le vecteur des inputs X_m par le ratio θ_m^* et en retranchant le vecteur des inputs en excès S^{-*}. De même, l'efficience de la DMU_m peut être améliorée en augmentant le vecteur des outputs Y_m par le vecteur des outputs en déficits S^{+*}.

Les formules permettant l'amélioration de l'efficience sont données par :

$$\begin{cases} \hat{X}_m = X_m - \Delta X_m = \theta_m^*.X_m - S^{-*} \leq X_m \\ \hat{Y}_m = Y_m + \Delta Y_m = Y_m + S^{+*} \geq Y_m \end{cases} \quad (15)$$

avec

$$\begin{cases} \hat{X}_m\text{: Vecteur Input} - \text{cible de la } DMU_m \\ \hat{Y}_m \text{ : Vecteur Output} - \text{cible de la } DMU_m \end{cases}$$

Ce sont des formules de *projection* sur la frontière d'efficience.

✓ ***Intérêt de l'utilisation d'un modèle CCR à Enveloppement :***

Soulignons que dans la pratique le nombre N des DMUs est considérablement plus large que le nombre $I + J$ des inputs et des outputs ($N \geq 3(< i + J)$). Signalons aussi que le nombre de contraintes d'un modèle DEA-CCR des Multiplicateurs est égal à N alors que le nombre de contraintes d'un modèle DEA-CCR à Enveloppement est égal à $I + J$. Le deuxième avantage est le fait qu'un modèle DEA-CCR à Enveloppement garanti l'obtention des Vecteurs Inputs en Excès et des Vecteurs Outputs en Déficits $(\Lambda^*, S^{+*}, S^{-*})$ qui permettent l'amélioration de l'efficience des DMUs inefficientes.

Dans ce qui suit nous donnons les modèles DEA-CCR à Enveloppement et à Orientation-Input.

✓ ***Modèle DEA-CCR à enveloppement et à Orientation-Output avec constante*** ε :

$$\max_{\eta_m,\Gamma,T_I^-,T_J^+} \psi_m = \eta_m + \varepsilon\left(E_J.T^+ + E_I.T^-\right)$$

$$\begin{cases} X_m = X.\Gamma + T_I^- \\ \eta_m.Y_m = Y.\Gamma - T_J^+ \\ \Gamma \geq 0, T_I^- \geq 0, T_J^+ \geq 0, \eta_m \in \mathbb{R} \end{cases} \quad (16)$$

où

$$T^+ = \begin{pmatrix} t_1^+ \\ t_2^+ \\ \vdots \\ t_j^+ \\ \vdots \\ t_J^+ \end{pmatrix}, \quad T^- = \begin{pmatrix} t_1^- \\ t_2^- \\ \vdots \\ t_i^- \\ \vdots \\ t_I^- \end{pmatrix}, \quad \Lambda = \begin{pmatrix} \gamma_1 \\ \gamma_2 \\ \vdots \\ \gamma_n \\ \vdots \\ \gamma_N \end{pmatrix}$$

B) Les modèles DEA-BCC :

Rappelons que les modèles DEA-CCR supposent que les unités de décision opèrent dans un environnement à *rendement d'échelle constant*. Cette hypothèse contraignante a limité pendant longtemps l'utilisation de ces modèles. Banker et al. (1984) ont été les premiers à proposer des modèles qui améliorent les modèles DEA-CCR en prenant en compte les *rendements d'échelle variables*. Leur idée était simple et a consisté à introduire une condition de *convexité* parmi les contraintes des modèles DEA-CCR à Enveloppement. La contrainte de convexité est donnée par $\sum_{n=1}^{N} \lambda_n = 1$ pour le modèle à Enveloppement et à Orientation-Input et par $\sum_{n=1}^{N} \gamma_n = 1$ pour le modèle à Enveloppement et à Orientation-Output. Dans la littérature DEA, les modèles DEA-BCC sont aussi appelés DEA-VRS (rendements d'échelle variables) et les modèles DEA-CCR sont aussi appelés DEA-CRS (rendements d'échelle constants).

Nous donnons ci-dessous les modèles DEA-BCC à Enveloppement et les modèles DEA-BCC des Multiplicateurs avec constante infinitésimale.

- ***Modèles DEA-BCC à Enveloppement avec constante*** ε

Modèle DEA-BCC à Enveloppement et à Orientation-Input avec constante ε :

$$\min_{\theta_m \Lambda, S^+, S^-} \phi_m = \theta_m - \varepsilon\left(E_J.S^+ + E_I.S^-\right)$$
$$\begin{cases} Y_m = Y.\Lambda - S^+ \\ \theta_m.X_m = X.\Lambda + S^- \\ E.\Lambda = 1 \\ \Lambda \geq 0, S^+ \geq 0, S^- \geq 0, \theta_m \in \mathbb{R} \end{cases} \tag{17}$$

Modèle DEA-BCC à Enveloppement et à Orientation-Output avec constante ε :

$$\max_{\eta_m,\Gamma,T^+,T^-} \psi_m = \eta_m + \varepsilon\left(E_J.T^+ + E_I.T^-\right)$$

$$\begin{cases} X_m = X.\Gamma + T^- \\ \eta_m.Y_m = Y.\Gamma - T^+ \\ E.\Gamma = 1 \\ \Gamma \geq 0, T^+ \geq 0, T^- \geq 0, \eta_m \in \mathbb{R} \end{cases} \qquad (17)$$

Avec les notations :

$$S^+ = \begin{pmatrix} s_1^+ \\ s_2^+ \\ \vdots \\ s_j^+ \\ \vdots \\ s_J^+ \end{pmatrix}, \quad S^- = \begin{pmatrix} s_1^- \\ s_2^- \\ \vdots \\ s_i^- \\ \vdots \\ s_I^- \end{pmatrix}, \quad \Lambda = \begin{pmatrix} \lambda_1 \\ \lambda_2 \\ \vdots \\ \lambda_n \\ \vdots \\ \lambda_N \end{pmatrix},$$

$$T^+ = \begin{pmatrix} t_1^+ \\ t_2^+ \\ \vdots \\ t_j^+ \\ \vdots \\ t_J^+ \end{pmatrix}, \quad T^- = \begin{pmatrix} t_1^- \\ t_2^- \\ \vdots \\ t_i^- \\ \vdots \\ t_I^- \end{pmatrix}, \quad \Gamma = \begin{pmatrix} \gamma_1 \\ \gamma_2 \\ \vdots \\ \gamma_n \\ \vdots \\ \gamma_N \end{pmatrix}$$

$$E_I = \Big(\underbrace{1\ 1\ \cdots 1 \cdots 1}_{I-fois}\Big), E_J = \Big(\underbrace{1\ 1\ \cdots 1 \cdots 1}_{J-fois}\Big),$$

$$\mathrm{E} = \Big(\underbrace{1\ 1\ \cdots 1 \cdots 1}_{N-fois}\Big) \quad ; \quad X_n = \begin{pmatrix} x_{1n} \\ x_{2n} \\ \vdots \\ x_{In} \end{pmatrix} \text{ et } Y_n = \begin{pmatrix} y_{1n} \\ y_{2n} \\ \vdots \\ y_{Jn} \end{pmatrix}$$

$$X = (X_1 \quad \cdots \quad X_N) = (x_{in})_{\substack{1 \leq i \leq I \\ 1 \leq n \leq N}}$$

$$Y = (Y_1 \quad \cdots \quad Y_N) = (y_{jn})_{\substack{1 \leq j \leq J \\ 1 \leq n \leq N}}$$

- ***Rendements d'échelle et modèles DEA-CCR à Enveloppement :***

Soit la solution optimale $(\theta_m^*, \Lambda^*, S^{*+}, S^{*-})$ du modèle DEA-CCR à Enveloppement et à Orientation-Input associée à la DMU_m où :

$$S^{*+} = \begin{pmatrix} s_1^{*+} \\ s_2^{*+} \\ \vdots \\ s_j^{*+} \\ \vdots \\ s_J^{*+} \end{pmatrix}, \quad S^{-} = \begin{pmatrix} s_1^{*-} \\ s_2^{*-} \\ \vdots \\ s_i^{*-} \\ \vdots \\ s_I^{*-} \end{pmatrix}, \quad \Lambda^{*} = \begin{pmatrix} \lambda_1^{*} \\ \lambda_2^{*} \\ \vdots \\ \lambda_n^{*} \\ \vdots \\ \lambda_N^{*} \end{pmatrix}$$

Le résultat ci-dessous donne la relation entre le type de rendements d'échelle exhibé par la DMU_m et les valeurs prises par les variables λ_n^*.

Résultat :

1) $\sum_{\mathrm{n}=1}^{\mathrm{N}} \lambda_{\mathrm{n}}^{*} < 1$: la $\mathrm{DMU_m}$ *opère* sous *rendements d'échelle* sont croissants

2) $\sum_{n=1}^{N} \lambda_n^{*} > 1$: la $\mathrm{DMU_m}$ *opère* sous *rendements d'échelle* sont décroissants

3) $\sum_{n=1}^{N} \lambda_n^{*} = 1$: la $\mathrm{DMU_m}$ *opère* sous *rendements d'échelle* sont constants

C) Efficience technique, efficience technique pure et efficience d'échelle :

Nous pouvons distinguer deux types d'efficience d'une DMU selon la nature du modèle CCR (rendements d'échelle constants) ou BCC (rendements d'échelle variables). Le modèle DEA-CCR estime une *efficience technique globale* qui se décompose en *efficience technique pure* et *efficience d'échelle*. L'efficience technique décrit l'efficience en convertissant les inputs en outputs, tandis que l'efficience d'échelle reconnait que l'économie d'échelle ne peut être atteinte à toutes les échelles de production et qu'il y a une *Taille d'Echelle la Plus Productive* (Most Productive Scale Size) où l'efficience d'échelle est à son maximum 100 pour cent. Le modèle DEA-BCC prend en considération la variation de l'efficience relativement à l'échelle de l'opération, donc il mesure l'efficience technique pure. L'efficience CCR se décompose sous la forme :

$$CCR - Efficience = (Efficience\ d'échelle) \times (BCC - Efficience) \quad (18)$$

L'inégalité suivante est toujours réalisée :

$$CCR - Efficience \leq BCC - Efficience$$

L'égalité a lieu lorsque l'efficience d'échelle est égale à un, c'est-à-dire la DMU opère à sa Taille d'Echelle la Plus Productive.

V. Résultats et interprétation

V.1 Evaluation de l'efficience technique des 59 banques conventionnelles des 11 pays de la région MENA entre 2017 et 2021: Application de la méthode DEA

Nous avons appliqué le modèle DEA en utilisant l'approche orienté output sous l'hypothèse VRS (Variable Return Scale) aux 59 banques conventionnelles des 11 pays de la région MENA entre 2017 et 2021.

Le tableau 3 affiche les scores d'efficience technique, d'efficience technique pure et d'efficience d'échelle des 59 banques conventionnelles.

Tableau 3 : Scores d'efficience technique, d'efficience technique pure et d'efficience d'échelle des 59 banques conventionnelles de 11 pays du MENA durant la période 2017-2021

	2017			2018			2019		
N°	crste	vrste	scale	crste	vrste	scale	crste	vrste	scale
1	0.975	1.000	0.975	0.943	1.000	0.943	0.908	0.994	0.914
2	1.000	1.000	1.000	0.949	0.972	0.976	0.931	1.000	0.931
3	0.830	0.973	0.854	0.814	0.982	0.829	0.782	0.973	0.804
4	0.807	0.830	0.972	0.920	0.923	0.998	0.858	0.883	0.971
5	0.967	0.969	0.998	0.944	0.948	0.995	1.000	1.000	1.000
6	0.886	0.895	0.990	0.895	0.896	0.998	0.923	0.938	0.984
7	0.914	1.000	0.914	0.879	1.000	0.879	0.768	0.996	0.771
8	0.939	0.950	0.989	0.854	0.897	0.951	0.851	0.877	0.971
9	0.892	0.968	0.921	0.842	0.973	0.865	0.860	0.978	0.880
10	0.936	1.000	0.936	0.844	1.000	0.844	0.846	1.000	0.846
11	0.969	1.000	0.969	1.000	1.000	1.000	1.000	1.000	1.000
12	0.904	0.946	0.955	0.827	0.940	0.880	0.780	0.955	0.816
13	1.000	1.000	1.000	1.000	1.000	1.000	0.973	1.000	0.973
14	1.000	1.000	1.000	1.000	1.000	1.000	1.000	1.000	1.000
15	0.767	0.829	0.924	0.775	0.845	0.917	0.738	0.810	0.911
16	0.900	0.910	0.989	0.888	0.908	0.978	0.839	0.895	0.937
17	0.785	0.863	0.910	0.771	0.891	0.866	0.775	0.899	0.862
18	1.000	1.000	1.000	1.000	1.000	1.000	1.000	1.000	1.000
19	1.000	1.000	1.000	1.000	1.000	1.000	1.000	1.000	1.000
20	0.773	0.773	1.000	0.753	0.753	1.000	0.717	0.723	0.992
21	0.934	0.938	0.996	0.898	0.904	0.993	0.850	0.864	0.983
22	0.857	0.878	0.976	0.828	0.828	1.000	0.782	0.782	1.000
23	0.772	0.816	0.947	0.761	0.794	0.959	0.732	0.769	0.953
24	0.767	0.776	0.988	0.758	0.759	0.999	0.728	0.731	0.997
25	0.856	0.940	0.911	0.808	0.960	0.841	0.766	0.938	0.817
26	0.963	1.000	0.963	0.955	0.997	0.958	0.948	0.981	0.966
27	1.000	1.000	1.000	1.000	1.000	1.000	0.870	0.985	0.884
28	0.940	0.958	0.981	0.880	0.952	0.924	0.796	0.939	0.848
29	0.929	0.988	0.940	0.877	0.993	0.883	0.845	0.995	0.850

30	0.770	1.000	0.770	0.751	1.000	0.751	0.710	1.000	0.710
31	0.895	1.000	0.895	0.809	1.000	0.809	0.808	1.000	0.808
32	0.858	1.000	0.858	0.828	1.000	0.828	0.769	1.000	0.769
33	0.799	0.991	0.806	0.741	0.977	0.759	0.710	0.973	0.730
34	0.737	0.785	0.939	0.713	0.791	0.901	0.683	0.771	0.887
35	0.799	0.948	0.842	0.777	1.000	0.777	0.740	0.918	0.806
36	0.743	0.878	0.845	0.758	0.916	0.827	0.721	0.885	0.815
37	0.770	0.905	0.851	0.757	0.936	0.809	0.716	0.890	0.805
38	0.802	0.880	0.912	0.775	0.866	0.895	0.733	0.837	0.876
39	0.729	0.824	0.885	0.705	0.826	0.853	0.675	0.801	0.843
40	0.750	0.826	0.908	0.735	0.823	0.893	0.700	0.799	0.876
41	0.758	0.825	0.919	0.755	0.833	0.906	0.719	0.809	0.889
42	0.809	0.897	0.901	0.805	0.924	0.871	0.757	0.893	0.848
43	1.000	1.000	1.000	1.000	1.000	1.000	0.868	1.000	0.868
44	0.798	0.807	0.989	0.796	0.798	0.998	0.747	0.756	0.988
45	0.670	0.697	0.961	0.679	0.682	0.995	0.645	0.657	0.981
46	1.000	1.000	1.000	0.924	1.000	0.924	1.000	1.000	1.000
47	0.866	0.941	0.920	0.835	0.965	0.864	0.792	0.937	0.845
48	0.843	0.988	0.854	0.824	1.000	0.824	0.794	0.987	0.805
49	0.764	0.832	0.919	0.779	0.857	0.909	0.773	0.861	0.898
50	1.000	1.000	1.000	1.000	1.000	1.000	1.000	1.000	1.000
51	0.970	1.000	0.970	0.977	1.000	0.977	0.961	1.000	0.961
52	0.928	1.000	0.928	0.917	0.988	0.928	0.931	0.982	0.948
53	0.777	0.778	0.998	0.755	0.762	0.991	0.705	0.729	0.967
54	0.834	0.834	1.000	0.866	0.868	0.999	0.758	0.763	0.994
55	0.903	0.908	0.995	0.896	0.898	0.997	0.913	0.924	0.988
56	0.841	0.870	0.966	0.854	0.868	0.983	0.901	0.943	0.955
57	0.765	0.771	0.993	0.760	0.761	1.000	0.721	0.721	1.000
58	0.747	0.768	0.973	0.774	0.788	0.982	0.812	0.819	0.992
59	0.831	0.858	0.969	0.926	0.928	0.998	0.837	0.880	0.952

	2020			2021		
N°	crste	vrste	scale	crste	vrste	scale
1	0.934	0.981	0.951	0.935	1.000	0.935
2	0.942	0.988	0.954	1.000	1.000	1.000
3	0.756	0.946	0.799	0.751	0.925	0.812
4	0.899	0.906	0.992	0.922	0.922	1.000
5	0.940	1.000	0.940	0.973	0.981	0.992
6	0.898	0.902	0.995	0.939	0.940	0.999
7	0.880	0.990	0.889	0.831	0.987	0.842
8	0.830	0.873	0.950	0.862	0.864	0.998
9	1.000	1.000	1.000	1.000	1.000	1.000
10	0.861	1.000	0.861	0.848	0.999	0.849
11	1.000	1.000	1.000	1.000	1.000	1.000
12	0.840	0.933	0.900	0.891	0.924	0.964
13	1.000	1.000	1.000	1.000	1.000	1.000
14	1.000	1.000	1.000	1.000	1.000	1.000
15	0.713	0.763	0.935	0.707	0.756	0.935

16	0.952	0.952	1.000	1.000	1.000	1.000
17	0.877	0.905	0.970	0.860	0.903	0.953
18	1.000	1.000	1.000	1.000	1.000	1.000
19	1.000	1.000	1.000	1.000	1.000	1.000
20	0.732	0.734	0.998	0.700	0.719	0.973
21	0.949	0.952	0.997	0.963	0.965	0.998
22	0.797	0.799	0.997	0.710	0.797	0.891
23	0.762	0.776	0.982	0.772	0.774	0.996
24	0.718	0.722	0.995	0.709	0.709	1.000
25	0.763	0.911	0.838	0.781	0.911	0.857
26	0.927	0.958	0.968	0.912	0.978	0.932
27	0.955	0.987	0.968	0.989	1.000	0.989
28	0.864	0.938	0.921	0.814	0.927	0.878
29	0.851	0.977	0.871	0.820	0.976	0.840
30	0.760	1.000	0.760	0.690	1.000	0.690
31	0.829	1.000	0.829	0.815	1.000	0.815
32	0.883	1.000	0.883	1.000	1.000	1.000
33	0.672	0.923	0.728	0.786	1.000	0.786
34	0.667	0.757	0.880	0.657	0.771	0.853
35	0.780	0.895	0.872	0.797	0.915	0.871
36	0.765	0.863	0.886	0.792	0.870	0.910
37	0.787	0.886	0.887	0.816	0.897	0.910
38	0.827	0.866	0.955	0.843	0.858	0.983
39	0.679	0.805	0.844	0.694	0.820	0.846
40	0.680	0.804	0.845	0.691	0.814	0.849
41	0.771	0.816	0.946	0.801	0.820	0.977
42	0.812	0.878	0.925	0.858	0.889	0.965
43	1.000	1.000	1.000	1.000	1.000	1.000
44	0.727	0.733	0.991	0.692	0.710	0.975
45	0.683	0.694	0.985	0.696	0.697	1.000
46	0.952	1.000	0.952	0.930	1.000	0.930
47	0.782	0.932	0.839	0.759	0.913	0.831
48	0.815	0.990	0.823	0.824	0.987	0.834
49	0.806	0.876	0.920	0.862	0.907	0.951
50	1.000	1.000	1.000	1.000	1.000	1.000
51	1.000	1.000	1.000	0.938	1.000	0.938
52	0.948	0.988	0.960	0.941	0.997	0.944
53	0.695	0.741	0.939	0.728	0.746	0.976
54	0.819	0.821	0.998	0.887	0.890	0.996
55	0.958	0.965	0.993	1.000	1.000	1.000
56	0.896	0.896	1.000	0.968	0.969	0.999
57	0.740	0.740	1.000	0.775	0.776	0.998
58	0.836	0.836	0.999	0.858	0.862	0.995
59	0.808	0.856	0.945	0.792	0.793	1.000

cte : constant return scale technical efficiency
vte : variable return scale technical efficiency
ste : efficience d'échelle

Le tableau 4 affiche l'évolution des scores minimums, maximums et moyens des 59 banques conventionnelles durant la période 2017-2021.

Tableau 4 : Scores minimums, maximums et moyens des 59 banques conventionnelles entre 2017 et 2021

	2017			2018			2019		
	crste	vrste	scale	crste	vrste	scale	crste	vrste	scale
Min	0,670	0,697	0,770	0,679	0,682	0,751	0,645	0,657	0,710
Max	1,000	1,000	1,000	1,000	1,000	1,000	1,000	1,000	1,000
Moyenne	0,868	0,919	0,945	0,852	0,922	0,927	0,824	0,910	0,909

	2020			2021		
	crste	vrste	scale	crste	vrste	scale
Min	0,667	0,694	0,728	0,657	0,697	0,690
Max	1,000	1,000	1,000	1,000	1,000	1,000
Moyenne	0,850	0,910	0,935	0,860	0,917	0,939

Nous remarquons que le score moyen de l'efficience-CCR des 59 banques atteint en moyenne 90% durant les cinq années de 2017 à 2021.

Le tableau 5 affiche l'évolution des pourcentages de banques conventionnelles efficientes CCR, BCC et d'échelle durant les cinq années de 2017 à 2021.

Tableau 5 : Pourcentages de banques conventionnelles efficientes CCR, BCC et d'échelle entre 2017 et 2021

	2017			2018			2019		
	cte	vte	ste	cte	vte	ste	cte	vte	ste
% de banques efficientes	15,25	32,20	18,64	13,56	30,51	18,64	11,86	25,42	15,25

	2020			2021		
	cte	vte	ste	cte	vte	ste
% de banques efficientes	15,25	25,42	20,34	20,34	32,20	27,12

Nous constatons que le pourcentage de banques conventionnelles CCR-efficientes (à 100%) est faible, 15% en 2017, 14% en 2018, 12% en 2019, 15% en 2020 et 20% en 2021.

Les figures suivantes représentent l'évolution des scores moyens d'efficience technique (CCR), d'efficience technique pure (BCC) et d'efficience d'échelle des 59 banques des 11 pays du MENA entre 2017 et 2021.

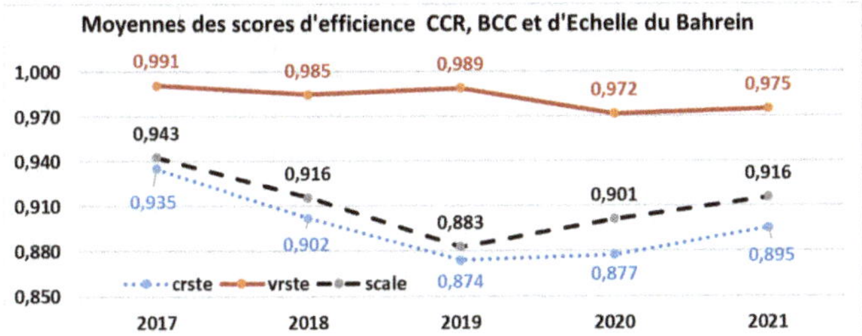

Figure 1 : Moyennes des scores d'efficience CCR, BCC et d'échelle des banques conventionnelles du Bahrain

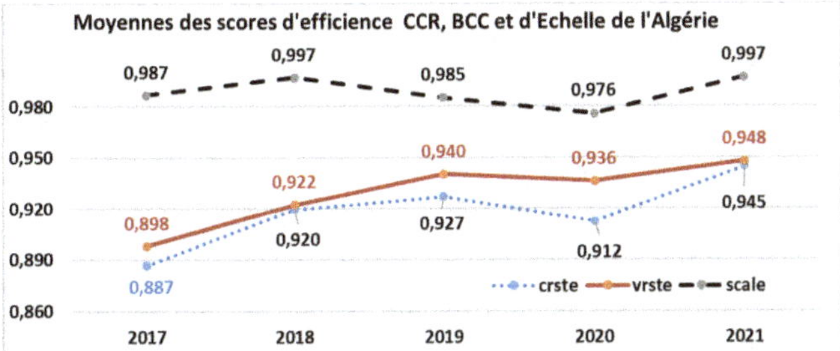

Figure 2 : Moyennes des scores d'efficience CCR, BCC et d'échelle des banques conventionnelles de l'Algérie

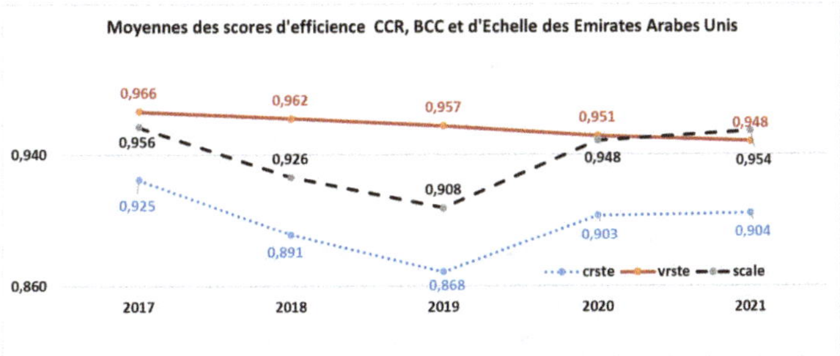

Figure 3 : Moyennes des scores d'efficience CCR, BCC et d'échelle des banques conventionnelles des Emirates Arabes Unies

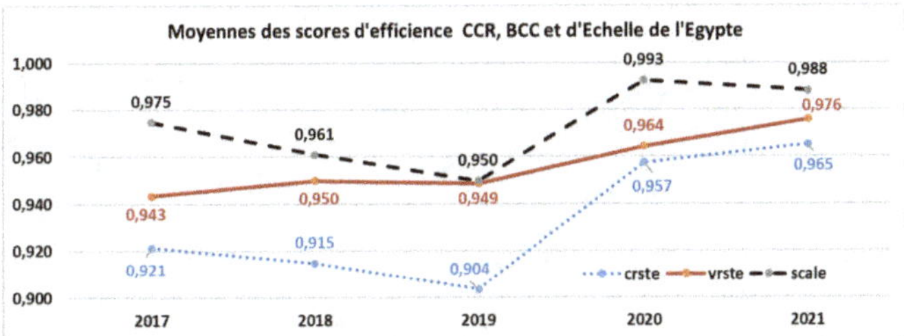

Figure 4 : Moyennes des scores d'efficience CCR, BCC et d'échelle des banques conventionnelles de l'Egypte

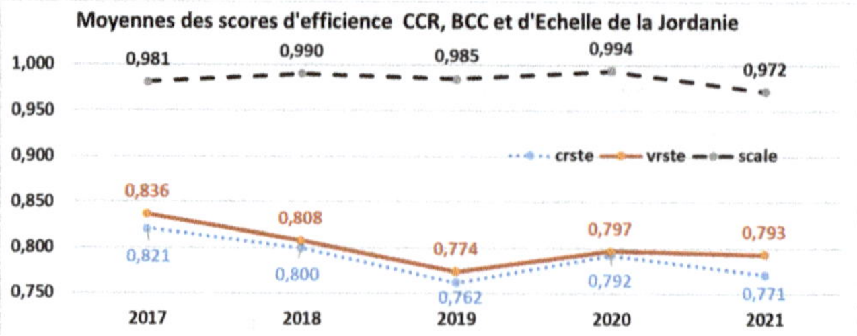

Figure 5 : Moyennes des scores d'efficience CCR, BCC et d'échelle des banques conventionnelles de la Jordanie

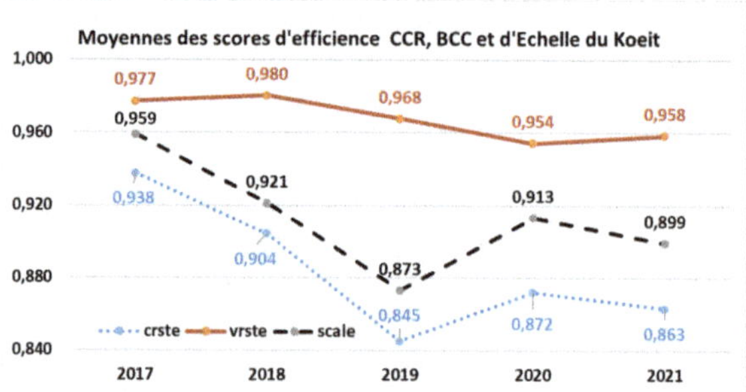

Figure 6 : Moyennes des scores d'efficience CCR, BCC et d'échelle des banques conventionnelles du Koeit

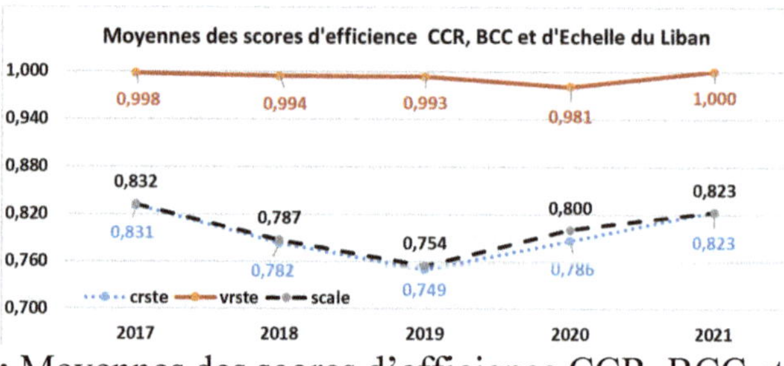

Figure 7 : Moyennes des scores d'efficience CCR, BCC et d'échelle des banques conventionnelles du Liban

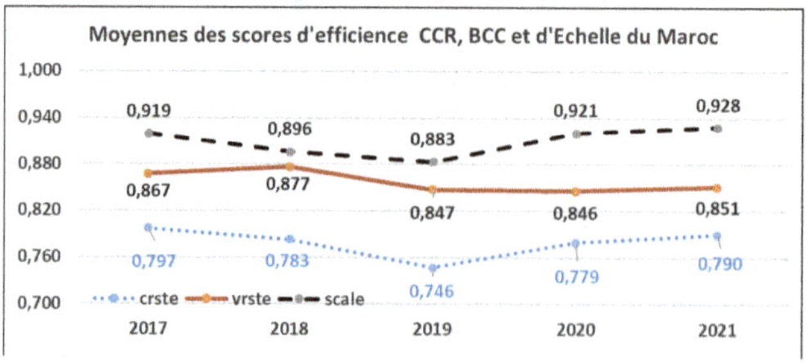

Figure 8 : Moyennes des scores d'efficience CCR, BCC et d'échelle des banques conventionnelles du Maroc

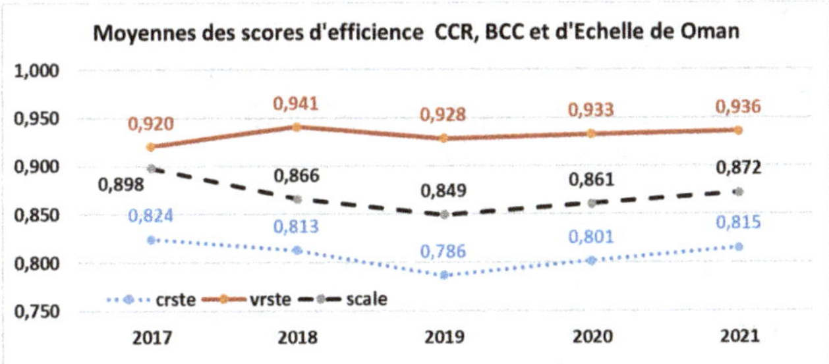

Figure 9 : Moyennes des scores d'efficience CCR, BCC et d'échelle des banques conventionnelles de Oman

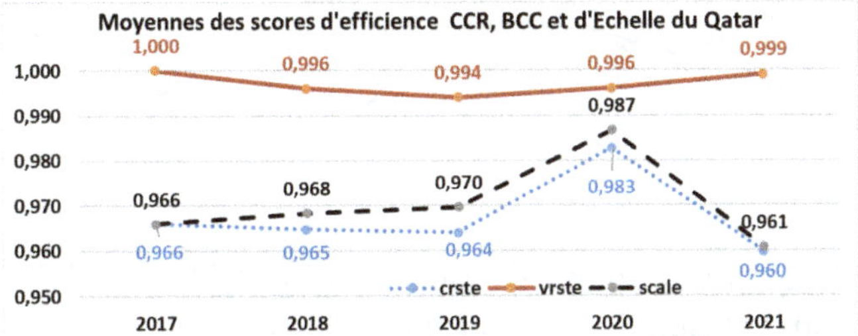

Figure 10 : Moyennes des scores d'efficience CCR, BCC et d'échelle des banques conventionnelles du Qatar

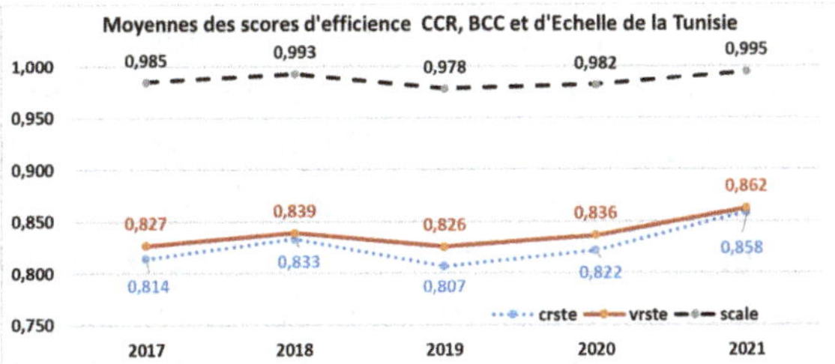

Figure 11 : Moyennes des scores d'efficience CCR, BCC et d'échelle des banques conventionnelles de la Tunisie

Le tableau 6 compare les scores moyens d'efficiences CCR, BCC et d'Echelle des 59 banques conventionnelles des 11 pays du MENA durant la période 2017-2021.

Tableau 6 : Scores moyens d'efficiences CCR, BCC et d'Echelle des banques conventionnelles des 11 pays

	Bahreïn	Algérie	EAU	Egypte	Jordanie	Kuwait
N°	1	2	3	4	5	6
cte	0,897	0,918	0,898	0,932	0,789	0,884
vte	0,982	0,929	0,957	0,956	0,801	0,968
ste	0,912	0,988	0,939	0,973	0,984	0,913

	Liban	Maroc	Oman	Qatar	Tunisie
N°	7	8	9	10	11
cte	0,794	0,779	0,808	0,967	0,827
vte	0,993	0,858	0,932	0,997	0,838
ste	0,799	0,910	0,869	0,970	0,987

La figure 12 représente l'évolution des scores moyens d'efficiences CCR, BCC et d'Echelle des 59 banques conventionnelles des 11 pays du MENA durant la période 2017-2021.

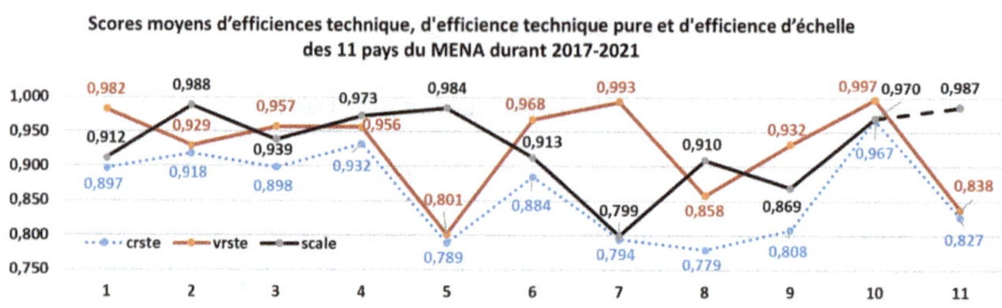

Figure 12 : Scores moyens d'efficiences CCR, BCC et d'Echelle des banques conventionnelles des 11 pays

Nous observons que les banques conventionnelles du Qatar ont obtenu le score moyen d'efficience-CCR le plus élevé entre 2017 et 2021. La banque Ahli Bank du Qatar est efficiente selon les modèles CCR et BCC sur cette période et opère avec des rendements d'échelle constants. La Commercial Bank of Qatar est BCC-efficiente durant 2017-2021. Les deux banques, Commercial Bank of Qatar et Doha Bank, fonctionnent sous des rendements d'échelle décroissants. Cela signifie que la consommation moyenne de ressources augmente avec l'augmentation des outputs produits, indiquant qu'elles ont dépassé leurs tailles optimales. Pour améliorer leurs scores d'efficience d'échelle, ces banques doivent réduire leur production. En situation de déséconomie d'échelle, une variation de 1 % de la production des outputs entraîne une variation de plus de 1 % de la consommation des inputs.

Les banques conventionnelles du Maroc et de la Jordanie affichent les scores moyens d'efficience-CCR les plus bas durant la période 2017-2021, avec des valeurs de 77,9 % et 78,9 % respectivement. Leur inefficience est principalement attribuée à une taille non optimale, indiquant une inefficience d'échelle.

V.2 Evaluation de l'efficience technique des 22 banques islamiques des 7 pays de la région MENA entre 2017 et 2021 : Application de la méthode DEA

Nous avons appliqué le modèle DEA en utilisant l'approche orienté output sous l'hypothèse VRS aux 22 banques islamiques de 7 pays de la région MENA entre 2017 et 2021.

Le tableau 7 affiche les scores d'efficience technique, d'efficience technique pure et d'efficience d'échelle de ces 22 banques.

Tableau 7 : Scores d'efficience technique, d'efficience technique pure et d'efficience d'échelle des 22 banques islamiques des 7 pays du MENA durant la période 2017-2021

	2017			2018			2019		
N°	crste	vrste	scale	crste	vrste	scale	crste	vrste	scale
1	0.587	0.592	0.990	0.558	0.592	0.943	0.640	0.692	0.925
2	1.000	1.000	1.000	0.949	0.958	0.991	0.493	0.513	0.961
3	0.450	0.450	1.000	0.460	0.460	1.000	0.518	0.518	1.000
5	0.667	0.690	0.967	0.685	0.708	0.968	0.644	0.669	0.963
6	0.768	0.866	0.888	0.821	0.900	0.913	0.821	0.868	0.946
7	0.454	0.455	0.997	0.448	0.448	1.000	0.432	0.447	0.967
8	0.799	0.935	0.854	0.760	0.846	0.898	0.674	0.830	0.812
9	0.815	0.936	0.870	0.884	0.968	0.914	0.758	0.809	0.937
10	0.730	1.000	0.730	0.763	1.000	0.763	0.839	1.000	0.839
11	0.746	0.900	0.829	0.730	0.870	0.839	0.744	0.844	0.882
12	0.744	0.749	0.994	0.806	0.853	0.945	0.779	0.840	0.927
13	0.499	0.500	0.999	0.561	0.569	0.987	0.293	0.295	0.991
14	0.934	1.000	0.934	1.000	1.000	1.000	1.000	1.000	1.000
15	1.000	1.000	1.000	0.511	1.000	0.511	0.351	1.000	0.351
16	0.297	0.417	0.713	0.321	0.521	0.615	0.306	1.000	0.306
17	0.158	0.353	0.449	0.388	0.430	0.903	0.292	0.372	0.786
18	0.424	0.434	0.977	0.446	0.456	0.977	0.399	0.449	0.889
19	1.000	1.000	1.000	1.000	1.000	1.000	1.000	1.000	1.000
20	1.000	1.000	1.000	1.000	1.000	1.000	1.000	1.000	1.000
21	0.309	0.311	0.994	0.383	0.550	0.696	0.407	0.625	0.652
22	0.356	0.357	0.998	0.328	0.333	0.986	0.295	0.326	0.903

	2020			2021		
N°	crste	vrste	scale	crste	vrste	scale
1	0.788	0.833	0.946	0.842	0.850	0.990
2	0.530	0.586	0.904	0.519	0.565	0.918
3	0.539	0.539	0.999	0.497	0.505	0.984
4	0.688	1.000	0.688	0.793	1.000	0.793

5	0.742	0.748	0.992	0.620	0.656	0.945
6	0.854	0.861	0.992	0.720	0.768	0.938
7	0.314	0.458	0.686	0.305	0.465	0.655
8	0.638	0.788	0.811	0.627	0.728	0.861
9	0.782	0.795	0.984	0.733	0.802	0.914
10	0.956	1.000	0.956	0.841	1.000	0.841
11	0.877	0.904	0.971	0.731	0.831	0.879
12	0.769	0.854	0.901	0.628	0.683	0.919
13	0.311	0.322	0.964	0.297	0.306	0.969
14	0.980	1.000	0.980	0.923	1.000	0.923
15	0.278	1.000	0.278	0.285	1.000	0.285
16	0.333	1.000	0.333	0.284	0.519	0.548
17	0.270	0.398	0.679	0.268	0.378	0.708
18	1.000	1.000	1.000	1.000	1.000	1.000
19	1.000	1.000	1.000	1.000	1.000	1.000
20	1.000	1.000	1.000	1.000	1.000	1.000
21	0.359	0.542	0.662	0.422	0.676	0.624
22	0.378	0.423	0.894	0.395	0.431	0.917

Le tableau 8 affiche l'évolution des scores minimums, maximums et moyens des 22 banques islamiques durant la période 2017-2021.

Tableau 8 : Scores minimums, maximums et moyens des 22 banques islamiques durant 2017-2021

	2017			2018			2019		
	cte	vte	ste	cte	vte	ste	cte	vte	ste
Min	0,16	0,32	0,29	0,27	0,27	0,31	0,33	0,30	0,32
Max	1,00	1,00	1,00	1,00	1,00	1,00	1,00	1,00	1,00
Moyenne	0,66	0,66	0,61	0,65	0,62	0,72	0,75	0,73	0,78

	2020			2021		
	cte	vte	ste	cte	vte	ste
Min	0,31	0,45	0,51	0,31	0,28	0,29
Max	1,00	1,00	1,00	1,00	1,00	1,00
Moyenne	0,73	0,90	0,89	0,85	0,85	0,85

Nous remarquons que le score moyen d'efficience-CCR des 22 banques atteint en moyenne 64% durant la période 2017-2021.

Le tableau 9 affiche le pourcentage de banques islamiques efficientes CCR, BCC et d'échelle durant la période 2017-2021.

Tableau 9 : Pourcentage de banques islamiques efficientes CCR, BCC et d'échelle durant 2017-2021

	2017			2018			2019		
	cte	vte	ste	cte	vte	ste	cte	vte	ste
% de banques efficientes	14%	27%	18%	14%	27%	23%	14%	32%	18%

	2020			2021		
	cte	vte	ste	cte	vte	ste
% de banques efficientes	14%	36%	14%	14%	32%	14%

Nous constatons que le pourcentage de banques islamiques CCR-efficientes est faible, se maintenant à 14 % en 2017, 2018, 2019, 2020 et 2021. En revanche, le pourcentage de banques islamiques BCC-efficientes atteint en moyenne 31 % sur la période 2017-2021.

Les figures suivantes illustrent l'évolution des scores moyens d'efficience technique globale (CCR), d'efficience technique pure (BCC), et d'efficience d'échelle des 22 banques islamiques de 7 pays de la région MENA sur la période 2017-2021.

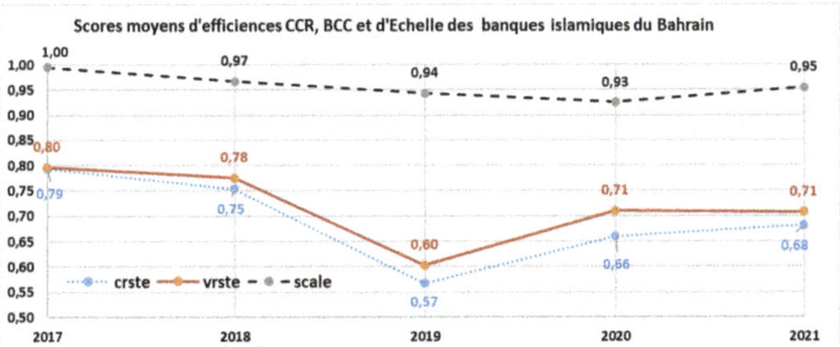

Figure 13 : Moyennes des scores d'efficience CCR, BCC et d'échelle des banques islamiques du Bahrain

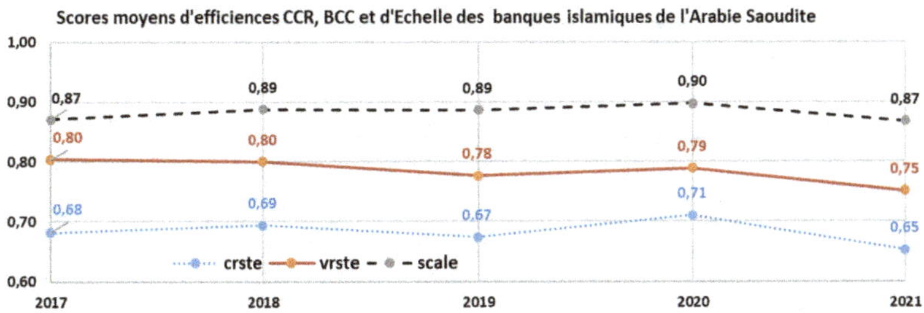

Figure 14 : Moyennes des scores d'efficience CCR, BCC et d'échelle des banques islamiques de l'Arabie Saoudite

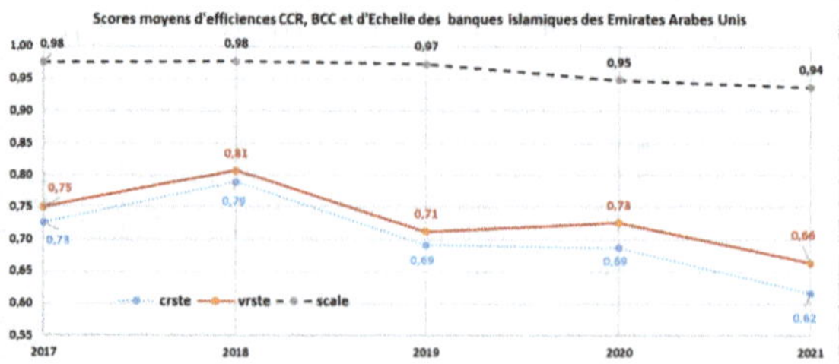

Figure 15 : Moyennes des scores d'efficience CCR, BCC et d'échelle des banques islamiques des Emirates Arabes Unies

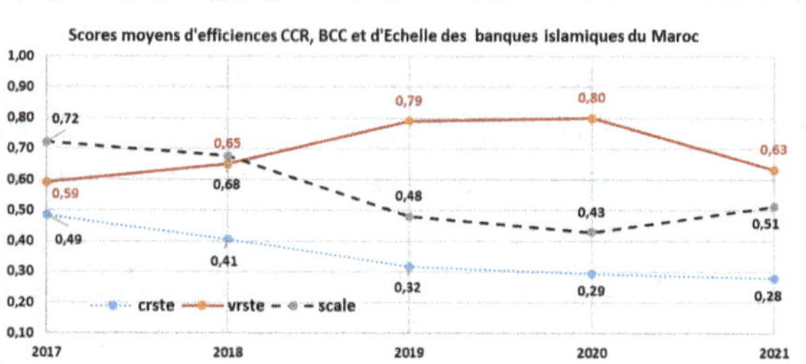

Figure 16 : Moyennes des scores d'efficience CCR, BCC et d'échelle des banques islamiques du Maroc

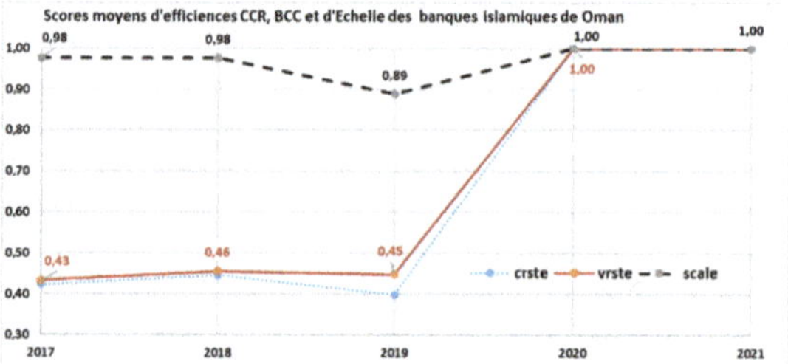

Figure 17 : Moyennes des scores d'efficience CCR, BCC et d'échelle des banques islamiques de Oman

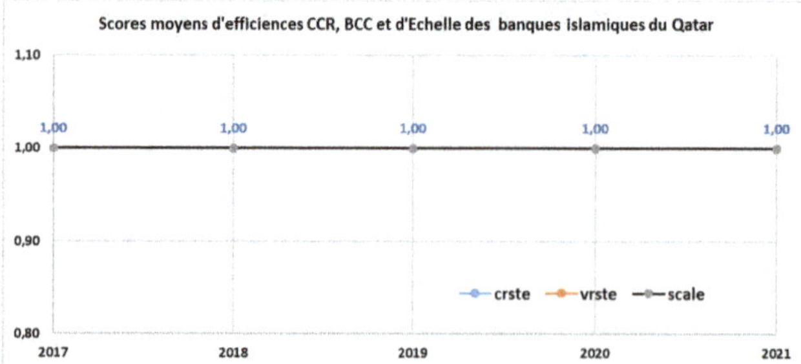

Figure 18 : Moyennes des scores d'efficience CCR, BCC et d'échelle des banques islamiques du Qatar

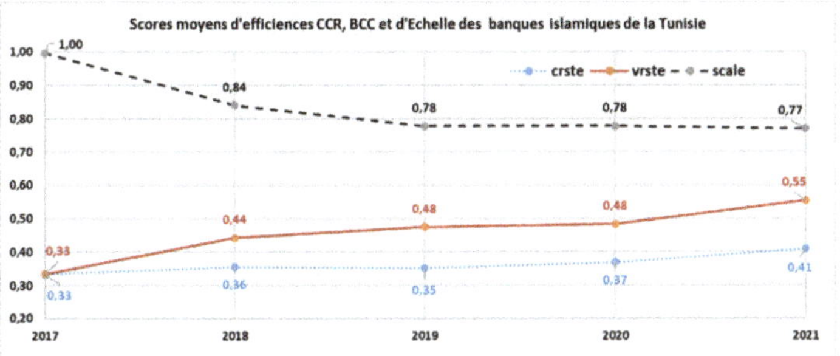

Figure 19 : Moyennes des scores d'efficience CCR, BCC et d'échelle des banques islamiques de la Tunisie

Les figures montrent que le Qatar est le seul pays où les banques islamiques sont en moyenne CCR-efficientes et BCC-efficientes sur les cinq années étudiées. Les banques islamiques d'Oman étaient également CCR-efficientes en 2021, mais leur score moyen de CCR-efficience n'était que de 44 % de 2017 à 2020.

Le Maroc détient le record du score moyen de CCR-efficience le plus bas parmi les banques islamiques de la région MENA, avec seulement 36 % au cours des cinq années.

Le tableau 10 compare les scores moyens d'efficiences CCR, BCC et d'Echelle des 22 banques islamiques des 7 pays du MENA durant la période 2017-2021.

Tableau 10 : Scores moyens d'efficiences CCR, BCC et d'Echelle des banques islamiques des 7 pays du MENA

	Bahrain	Arabie Saoudite	Emirates Arabe Unis	Maroc
	1	2	3	4
cte	0,69	0,68	0,70	0,36
vte	0,72	0,78	0,73	0,69
ste	0,96	0,88	0,96	0,56

	Oman	Qatar	Tunisie
	5	6	7
cte	0,65	1,00	0,36
vte	0,67	1,00	0,46
ste	0,97	1,00	0,83

La figure 20 représente l'évolution des scores moyens d'efficiences CCR, BCC et d'Echelle des banques islamiques des 7 pays du MENA durant la période 2017-2021.

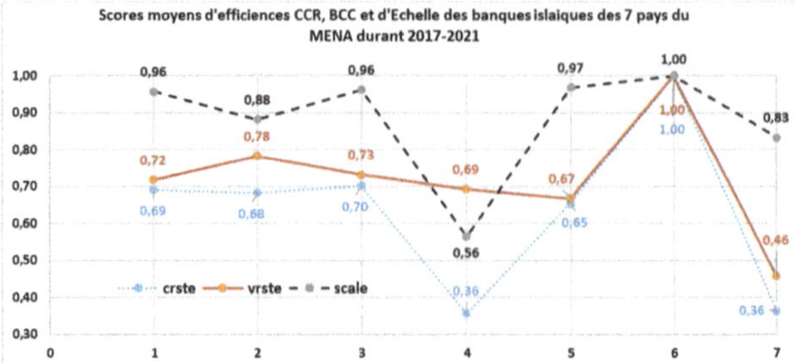

Figure 20 : Scores moyens d'efficiences CCR, BCC et d'Echelle des banques islamiques des 7 pays

Nous observons que les banques islamiques du Qatar affichent le score moyen d'efficience-CCR le plus élevé sur la période 2017-2021. En effet, les deux banques islamiques examinées au Qatar, Masraf Al Rayan Bank et Qatar Islamic Bank, sont toutes deux CCR-efficientes pendant les cinq années étudiées.

En revanche, les banques islamiques du Maroc présentent le score moyen d'efficience-CCR le plus bas sur la même période, atteignant seulement 36 %. Cette inefficience résulte d'une part d'une gestion perfectible (inefficience technique pure) et d'autre part d'une taille non optimale (inefficience d'échelle).

VI. Conclusion

Dans ce chapitre, nous avons utilisé le modèle DEA pour évaluer l'efficience technique des banques de la région MENA. Étant donné la non-disponibilité des données dans toute la région, nous avons restreint notre analyse à 81 banques provenant de 12 pays de la région MENA. Nous avons réparti ces 81 banques en deux catégories : les banques conventionnelles, regroupant 59 banques de 11 pays, et les banques islamiques, comprenant 22 banques de 7 pays. Pour les deux catégories de banques, nous avons sélectionné trois variables d'entrée : les dettes (hors capitaux propres), les charges générales d'exploitation et les dotations aux amortissements des immobilisations, ainsi que deux variables de sortie : le total de l'actif (hors immobilisations) et le produit net bancaire. Les résultats de cette étude ont été obtenus en utilisant le logiciel DEAP Version 2.1 (Coelli, 1996). Nous avons appliqué la méthode DEA en supposant des rendements d'échelle variables et en orientant les analyses vers les outputs.

Pour les 59 banques conventionnelles, nous avons relevé un score moyen d'efficience-CCR de 90 % sur la période 2017-2021. Cependant, nous avons constaté que le pourcentage de banques conventionnelles CCR-efficientes était faible, ne dépassant pas les 16 %. Par ailleurs, nous avons observé que le Qatar était le seul pays où les banques conventionnelles étaient BCC-efficientes pendant les cinq années de manière consécutive. Les scores d'efficience-CCR du Qatar ont dépassé les 93 % sur l'ensemble de cette période, et l'inefficience moyenne était principalement attribuée à une taille non optimale.

En examinant l'évolution des scores moyens d'efficience CCR, BCC et d'échelle pour les 59 banques conventionnelles des 11 pays de la région MENA, nous avons constaté que les banques conventionnelles du Qatar affichaient le score moyen d'efficience-CCR le plus élevé sur la période 2017-2021, atteignant 96,7 %. La banque Ahli Bank du Qatar était CCR-efficiente tout au long de la période et fonctionnait avec des rendements d'échelle constants. Les deux autres banques du Qatar, Commercial Bank of Qatar et Doha Bank, étaient presque toutes les deux BCC-efficientes et fonctionnaient avec des rendements d'échelle décroissants sur toute la période. Autrement dit, l'inefficience de ces deux banques était principalement due au dépassement de la taille optimale, ce qui signifie que pour améliorer leur efficience, elles auraient dû réduire leur production.

En revanche, les banques conventionnelles du Maroc et de la Jordanie ont affiché les scores moyens d'efficience-CCR les plus bas, atteignant respectivement 77,9 % et 78,9 % sur la période 2017-2021. Leur inefficience était principalement due à une taille non optimale.

En ce qui concerne les 22 banques islamiques, nous avons relevé un score moyen d'efficience-CCR de 64 % en moyenne sur la période 2017-2021. Cependant, nous avons constaté que le pourcentage de banques islamiques CCR-efficientes était faible, atteignant seulement 14 % au cours des cinq années de la période, tandis que le pourcentage de banques islamiques BCC-efficientes a atteint en moyenne 31 % entre 2017 et 2021.

Par ailleurs, nous avons remarqué que le Qatar était le seul pays où les banques islamiques étaient en moyenne CCR-efficientes pendant les cinq années consécutives. De plus, les scores moyens de CCR-efficience des banques islamiques d'Oman ont également atteint 100 % en 2021, mais avec des scores moyens avoisinant 44 % de 2017 à 2020.

Les banques islamiques du Maroc ont affiché le score moyen de CCR-efficience le plus bas, atteignant en moyenne 36 % sur les cinq années. Leur inefficience est attribuable à une gestion perfectible ainsi qu'à une taille non optimale.

Chapitre 3

Mesure du changement de productivité totale des facteurs des banques de la région MENA : Approche Malmquist-DEA

I. Introduction

Le secteur bancaire joue un rôle crucial dans le développement et la prospérité des économies modernes en facilitant la circulation des fonds des épargnants vers les investisseurs. Dans la région MENA, les banques, en tant qu'intermédiaires financiers essentiels, font face à des défis importants dus à la mondialisation et à la concurrence accrue. Pour rester compétitives, elles doivent gérer efficacement leurs ressources afin de fournir des produits et services de qualité de manière durable. L'utilisation d'outils spécifiques pour évaluer l'évolution de la productivité dans le temps est essentielle pour renforcer la confiance des actionnaires, des investisseurs et des clients dans les banques.

L'objectif de ce chapitre est d'examiner les changements de productivité dans le secteur bancaire de la région Moyen-Orient et Afrique du Nord (MENA) sur la période 2017-2021. Pour cela, nous utilisons la méthode de l'indice de productivité de Malmquist (MPI) basée sur la méthode Data Envelopment Analysis (DEA), que nous désignerons par DEA-MPI. Cette approche permet d'évaluer les changements de productivité totale des facteurs (PTF), qui peuvent être décomposés aussi en changement d'efficience et changement technologique. De plus, le changement d'efficience technique peut être subdivisé en changement d'efficience technique pure et changement d'efficience d'échelle. A notre connaissance, cette étude est la première à appliquer la méthodologie DEA-MPI à un grand nombre de banques conventionnelles et islamiques opérant dans la région MENA.

L'idée de la productivité totale des facteurs de Malmquist remonte à 1953, lorsque l'économiste suédois Malmquist (1953) a introduit un indice de quantité sous la forme d'un rapport de fonctions de distance. Par la suite, Caves, Christensen et Diewert (1982), en se basant sur l'article original de Malmquist (1953), ont développé le premier type d'indice de Malmquist. Ils ont défini l'indice de changement de productivité totale de Malmquist en utilisant les fonctions de distance des inputs et des outputs. Cet indice peut être élaboré en évaluant la distance de l'unité de production, définie par les vecteurs d'inputs et d'outputs, entre deux périodes, par rapport à une technologie de référence. Étant donné que les distances peuvent être calculées selon l'orientation des outputs ou des inputs, les indices de productivité totale des facteurs de Malmquist diffèrent en fonction de l'orientation choisie (Coelli et al. (2005)). La productivité orientée vers les outputs se focalise sur le niveau maximal d'outputs pouvant être produits à partir d'un vecteur d'inputs donné, par rapport au niveau d'inputs observé, sous une technologie de production donnée. De même, la productivité orientée vers les inputs se concentre sur le niveau d'inputs nécessaires pour produire un vecteur d'outputs donné, dans le cadre d'une technologie de référence.

Il convient de noter que Caves et al. (1982) ont introduit l'indice de Malmquist en tant qu'indice théorique, tandis que Fare et al. (1985) ont calculé l'indice de Malmquist directement en exploitant le fait que les fonctions de distance sur lesquelles repose cet indice peuvent être calculées à l'aide de programmes mathématiques linéaires de mesure d'efficience technique développés par Farrell (1957). Plus précisément, Fare et al. (1985) ont utilisé la relation entre les mesures d'efficience technique de Farrell (1957), le modèle Data Envelopment Analysis (DEA) développé par Charnes et al. (1978), et l'indice de productivité de Malmquist initié par Caves et al. (1982) pour introduire la méthode DEA d'estimation de l'indice de productivité de Malmquist.

En outre, Fare et al. (1992) ont démontré que le DEA-MPI pouvait être décomposé en changement d'efficience et changement technique. En 1994, Fare et al. (1994) ont décomposé le changement d'efficience en changement d'efficience technique pure et changement d'efficience d'échelle, ce qui a contribué à la popularité de l'indice de Malmquist en tant qu'indicateur empirique du changement de productivité.

Le reste du chapitre est structuré de la manière suivante. La deuxième section propose une revue de la littérature portant sur l'application de l'indice de productivité DEA-Malmquist dans le secteur bancaire. La troisième section décrit les données utilisées et expose la méthodologie adoptée. La quatrième section présente les résultats empiriques de l'étude et leurs interprétations. Enfin, nous concluons par la cinquième section.

II. Revue de littérature

Cette section se concentre sur la revue de la littérature des études relatives à l'utilisation de la méthode des facteurs de productivité totale de Malmquist basée sur la méthode DEA. Diverses études ont recouru à la méthode DEA-MPI afin d'évaluer le changement de productivité des unités de production dans différents secteurs sur une période donnée. De même, dans le domaine bancaire, plusieurs chercheurs ont utilisé la méthode DEA-MPI pour évaluer le changement de productivité des banques au fil du temps.

En Europe, l'indice de productivité de Malmquist (MPI) a été utilisé pour la première fois par Berger et al. (1992) dans une étude portant sur les banques norvégiennes afin d'évaluer l'impact de la déréglementation dans le secteur bancaire. Leurs résultats empiriques ont démontré une détérioration de la productivité avant la déréglementation, suivie d'une amélioration après cette dernière, indiquant ainsi une évolution positive de la productivité du système bancaire norvégien.

Chansarn (2014) a analysé le changement de productivité de 14 banques en Thaïlande sur la période 2000-2009. Leurs conclusions ont suggéré une faible productivité pendant cette période, avec une variation moyenne de la productivité allant de -13,35% à 10,06%. De plus, les résultats ont révélé qu'une croissance moyenne négative de la productivité a été observée dans la plupart des banques thaïlandaises.

Thayaparan et Pratheepan (2014) ont analysé l'évolution de la productivité du secteur bancaire sri-lankais de 2009 à 2012 en utilisant la méthode DEA-MPI avec une orientation output. Leurs résultats ont mis en évidence une baisse de la productivité dans toutes les banques, attribuable principalement à une détérioration technique. De plus, l'étude a souligné que l'impact du changement technique sur la productivité des banques sri-lankaises était plus prononcé que celui du changement d'efficience. Ils ont également observé une efficience supérieure dans les banques privées par rapport à leurs homologues.

Varesi (2015) a examiné le changement de productivité de 16 banques albanaises de 2008 à 2013 en utilisant la méthode DEA-MPI. Les résultats ont montré que les petites et moyennes banques étaient plus productives que les grandes banques.

Baten et al. (2015) ont étudié les changements d'efficience et de productivité globale dans le secteur bancaire du Bangladesh en utilisant la méthode DEA-MPI. Leurs résultats ont indiqué que les banques publiques présentaient une inefficience des coûts mais une efficience des profits plus élevée que les banques privées. En outre, les niveaux moyens d'efficacité technique et allocative étaient respectivement de 75,4% et 35,9% pour la DEA de coût, et de 74,0% et 31,8% pour la DEA de profit, pour les deux catégories de banques.

Muvingi et Hotera (2015) ont examiné l'efficacité technique et le changement de productivité globale de 10 banques zimbabwéennes sur la période 2002-2012 en utilisant la méthode DEA-MPI. Leurs résultats ont révélé que les banques présentaient une efficacité technique moyenne de 70,95 % et 81,5 % selon les hypothèses CRS et VRS respectivement. De plus, l'efficacité d'échelle moyenne des banques était évaluée à 73,7 % par an.

Isik et al. (2016) ont évalué le changement de productivité des banques commerciales jordaniennes en utilisant la méthode DEA-MPI orientée input. Leurs résultats ont démontré que le changement technologique dans le cadre de l'approche de production (approche d'intermédiation) était de 0 % (0,7 %) pour les banques commerciales, de 1,8 % (4,3 %) pour les banques d'investissement et de -4,7 % (-2,7 %) pour les banques islamiques. En outre, la variation de l'efficacité technique dans le cadre de l'approche de production (approche d'intermédiation) était de 6,5 % (1 %) pour les banques commerciales, de 1,8 % (2,8 %) pour les banques d'investissement et de -9 % (-5 %) pour les banques islamiques.

Tadesse (2016) a étudié le changement de productivité de 16 banques privées et 3 banques publiques en Éthiopie de 2011 à 2014 en utilisant la méthode DEA-MPI. Les résultats ont confirmé une régression de la productivité pour certaines banques, attribuée à un changement technique ou d'efficience.

Jreisat et Hassan (2016) ont analysé l'évolution de la productivité de 14 banques commerciales égyptiennes sur la période 1997-2013 à l'aide de la méthode DEA-MPI. Leurs résultats ont indiqué une baisse de la productivité totale des 14 banques, avec un taux de décroissance de 2,55 % pendant la période étudiée.

Garamu (2016) a examiné l'efficience technique et le changement de productivité des banques éthiopiennes de 2007 à 2011 à l'aide de la méthode DEA-MPI. Les résultats ont montré que le changement de productivité des banques a diminué de 0,956 % principalement en raison d'une détérioration de l'efficience technique, qui a régressé de 0,629 %.

Lera et Rao (2016) ont évalué le changement de productivité des banques commerciales éthiopiennes en utilisant la méthode DEA-MPI. Leurs résultats ont indiqué une amélioration de la productivité totale des banques, attribuée aux progrès du changement technologique.

Lema (2016) a étudié le changement de productivité du secteur bancaire éthiopien de 2011 à 2014 en appliquant la méthode DEA-MPI. Les résultats ont montré une progression de la productivité totale des banques de 1,038 %, principalement due à une avancée du changement technique de 1,042 %, alors que l'industrie enregistrait une progression de l'efficience technique de 0,996 % pendant la période étudiée.

Reshampal et Aggarwal (2017) ont évalué le changement de productivité de 25 banques du secteur public en Inde de 1998 à 2013 en utilisant la méthode DEA-MPI. Leurs résultats ont indiqué qu'environ 20 % des banques du secteur public avaient enregistré une baisse de la productivité totale, tandis que 80 % avaient connu une croissance positive, largement attribuable aux changements technologiques.

Irini (2018) a évalué le changement de productivité de 16 banques albanaises de 2006 à 2017 en utilisant la méthode DEA-MPI. Les résultats ont montré une baisse de productivité principalement due à un déclin technique, mais une amélioration de l'efficience.

Basri et al. (2018) ont mesuré le changement de productivité de 16 banques islamiques malaisiennes de 2008 à 2015 en utilisant la méthode DEA-MPI. Les conclusions ont montré que les banques islamiques nationales étaient plus efficaces que les banques étrangères.

Shah et al. (2019) ont évalué l'efficience et le changement de productivité de 33 banques durables et 247 banques non durables de 2010 à 2018 en utilisant la méthode DEA-MPI. Les résultats ont montré que les banques durables étaient plus efficaces et productives, influencées par des facteurs internes et externes.

Alexakis et al. (2019) ont examiné l'efficience et le changement de productivité des banques islamiques et conventionnelles de la région du CCG de 2006 à 2012 en utilisant des ratios financiers et l'indice de productivité méta-frontière de Malmquist. Les résultats ont montré des efficiences variables entre les types de banques, avec des améliorations technologiques pré-crise et des alignements post-crise.

Jubilee et al. (2020) ont évalué le changement de productivité de 385 banques islamiques et conventionnelles de 18 pays pour la période de 2008 à 2017 en utilisant la méthode DEA-PMI. Les résultats ont indiqué une plus grande productivité des banques islamiques, attribuée à une augmentation de l'efficience.

Otaviya et Rani (2020) ont analysé le changement de productivité des banques islamiques indonésiennes de 2011 à 2018 en utilisant la méthode DEA-MPI. Les résultats ont montré une croissance de la productivité due principalement à des changements techniques et technologiques.

Aasri et Lkoyaali (2021) ont analysé l'efficacité opérationnelle des banques marocaines entre 2017 et 2019 en utilisant la méthode DEA-MPI avec l'approche input et l'hypothèse de rendement variable à l'échelle. Leurs conclusions ont révélé que, bien que l'efficacité globale des banques ait fluctué pendant la période étudiée, les scores obtenus sont restés faibles, signalant une inefficacité significative. Ils ont souligné que l'amélioration moyenne de la productivité n'était pas attribuable à des avancées technologiques, mais plutôt à des ajustements d'échelle et des améliorations dans l'efficacité pure. En outre, la productivité totale n'a pas enregistré d'amélioration notable tout au long de cette période.

Laporšek et al. (2022) ont évalué les changements de productivité au sein d'un échantillon équilibré de 1915 banques européennes pendant la période post-crise allant de 2013 à 2018 en utilisant la méthode DEA-MPI. Leurs résultats ont indiqué une augmentation modeste de la productivité totale dans la moitié des pays de l'UE, principalement attribuable aux progrès technologiques. Cette amélioration était particulièrement notable parmi les nouveaux États membres de l'UE. Cependant, ils ont également observé une baisse significative de l'efficacité technique dans certains cas.

III. Données et méthodologie

L'objectif principal de ce chapitre est de mesurer le changement de productivité des banques de la région MENA. Ci-dessous, nous présentons les données et décrivons la méthodologie.

III.1 Type de données et sources de données

Pour atteindre notre objectif, nous exploitons un ensemble de données comprenant 81 banques actives dans la région MENA (Moyen-Orient et Afrique du Nord) sur la période de 2017 à 2021. Nous avons segmenté ces banques en deux catégories : les banques conventionnelles, totalisant 59 établissements, et les banques islamiques, au nombre de 22. Nous avons restreint notre analyse aux banques et aux pays pour lesquels des données étaient disponibles. Les variables utilisées comme inputs et outputs pour évaluer l'évolution de la productivité des banques ont été extraites des bilans annuels et des comptes de résultats des établissements bancaires.

Les évolutions de productivité des banques des deux catégories sont examinées individuellement en appliquant la méthode DEA-Malmquist axée sur les outputs, avec l'hypothèse de rendements d'échelle constants.

III.2 Variables inputs et outputs pour le modèle DEA

Nous avons choisi les mêmes inputs et les mêmes outputs que le chapitre précédent.

Input 1	Input 2	Input 3
Dettes hormis les capitaux propres	Charges générales d'exploitation	Dotations aux amortissements

Output 1	Output 2
Total actif (hormis les immobilisations)	Produit net bancaire

Les 59 banques conventionnelles et les 22 banques islamiques sont présentées dans les tableaux 1 et 2 du chapitre précédent.

III.3 Méthodologie : Indice de Malmquist de productivité totale des facteurs basé sur la méthode DEA (DEA-MPI)

L'évaluation de l'efficience et la manière dont l'efficience évolue sur une période donnée est une question importante pour les banques. Cependant, nous observons que l'analyse de l'efficience est statique et ne prend pas en considération la dimension temporelle. Alors que le changement de productivité fait référence à un changement de productivité d'une unité de production d'une période à une autre. Lorsque le temps est impliqué dans l'analyse des changements de productivité, nous devons considérer le concept de changement de technologie. Le changement technologique est défini comme le déplacement de la frontière de production déterminée par la technologie dans les périodes correspondantes. La productivité totale des facteurs (PTF) peut être calculée en utilisant plusieurs méthodes comme l'indice du prix de Fisher, l'indice de Törnqvist qui est attribué à Törnqvist (1936) et l'indice de productivité totale de Malmquist. L'avantage de l'indice de productivité totale de Malmquist peut être résumé comme suit :

✓ Il n'utilise pas d'hypothèses de minimisation des coûts ou de maximisation des bénéfices (il ne nécessite aucune donnée sur les prix).

✓ Il définit explicitement deux composantes de l'indice, le changement d'efficience technique et le changement de technologie.

L'indice de la PTF (productivité totale des facteurs) de Malmquist a été introduit pour la première fois par Caves et al. (1982). Cet indice est construit à l'aide des rapports des fonctions de distance qui étaient auparavant utilisés pour construire des indices de quantité par

Malmquist (1953). Ainsi, l'indice résultant est appelé indice de PTF-Malmquist.

L'indice de PTF-Malmquist estime le changement de productivité entre deux périodes en calculant la distance radiale des combinaisons input-output à la frontière de production à une période donnée ou autrement dit par rapport à une technologie de référence. Les mesures de distance radiale peuvent être orientées inputs ou orientées outputs, ce qui implique une différence d'orientation des indices de Malmquist. Les technologies à multiples outputs et multiples inputs peuvent être représentées par des fonctions de distance qui ne nécessitent que des données inputs et outputs.

La fonction de distance peut être présentée comme une fonction de distance d'input ou une fonction de distance d'output. Une fonction de distance d'input décrit la technologie de production en cherchant une diminution proportionnelle minimale du vecteur d'inputs, étant donné un vecteur d'outputs. Une fonction de distance d'output utilise décrit la technologie de production en cherchant une augmentation proportionnelle maximale du vecteur d'outputs, étant donné un vecteur d'inputs.

Dans cette section, l'indice de productivité de Malmquist sera défini à l'aide de la fonction de distance d'output.

Comme dans l'étude de Färe et al. (1994), on définit S^t la technologie de production pour chaque période $t = 1, \cdots, T$, qui représente aussi la transformation du vecteur d'inputs X^t en vecteur d'outputs Y^t :

$$S^t = \{(X^t, Y^t)/X^t \ produit \ Y^t\} \tag{1}$$

où

$$\begin{aligned} &X^t \text{ est le vecteur des inputs} \\ &Y^t \text{ est le vecteur des outputs} \end{aligned} \tag{2}$$

Nous supposons que nous avons N unités de décision DMU_n,, pour $1 \leq n \leq N$. A toute date $t = 1, \cdots, T$, chaque DMU_n, consomme I inputs x_{in}^t pour $1 \leq i \leq I$ et produit J outputs, y_{jn}^t pour $1 \leq j \leq J$. On définit les vecteurs d'inputs et d'outputs par :

$$X_n^t = \begin{pmatrix} x_{1n}^t \\ x_{2n}^t \\ \vdots \\ x_{In}^t \end{pmatrix}, \ Y_n^t = \begin{pmatrix} y_{1n}^t \\ y_{2n}^t \\ \vdots \\ y_{Jn}^t \end{pmatrix} \tag{3}$$

Les vecteurs d'inputs et d'outputs peuvent être regroupés en deux matrices X et Y :

$$X^t = (X_1^t \quad \cdots \quad X_N^t) = (x_{In}^t)_{\substack{1 \le i \le I \\ 1 \le n \le N}}$$
$$Y^t = (Y_1^t \quad \cdots \quad Y_N^t) = (x_{In}^t)_{\substack{1 \le j \le J \\ 1 \le n \le N}} \tag{4}$$

Dans une approche orientée output, la technologie de production S^t est complètement caractérisée par la fonction de distance d'output, définie sur l'ensemble des outputs S^t comme : pour for $1 \le t \le T$ et pour la DMU_n :

$$D_O^t(X_n^t, Y_n^t) = Min\left\{\theta \in]0,1]/\left(X_n^t, \frac{Y_n^t}{\theta}\right) \in S^t\right\} \tag{5}$$

Si (X_n^t, Y_n^t) appartient l'ensemble de technologique de production S^t alors $D_O^t(X_n^t, Y_n^t) \le 1$. Si $D_O^t(X_n^t, Y_n^t) = 1$ alors (X_n^t, Y_n^t) est sur la frontière de production efficiente ou sur la frontière de S^t et est considérée comme une unité de production techniquement efficiente comme expliqué par Farrell (1957).

La mesure de distance d'output est l'inverse du rapport de la plus grande expansion proportionnelle de la quantité d'outputs pour rendre (X_n^t, Y_n^t) efficiente par rapport à la technologie S^t à la quantité d'outputs actuelle, tout en atteignant le niveau d'inputs actuel. Notons que la mesure de la distance d'outputs est égale à l'efficience radiale orientée output définie par Farrel (1957).

Comme mentionné précédemment, différentes orientations entraînent différentes mesures d'efficiences. Le choix de l'orientation fait également la différence dans les fonctions de distance qui constituent une base pour les mesures d'efficience radiale. La fonction de distance d'input est définie sur l'ensemble de sortie S^t par :

$$D_I^t(X_n^t, Y_n^t) = Max\left\{\delta \in]0,1]/\left(\frac{X_n^t}{\delta}, Y_n^t\right) \in S^t\right\} \tag{6}$$

Si (X_n^t, Y_n^t) appartient à l'ensemble technologique de production S^t alors $D_O^t(X_n^t, Y_n^t) \ge 1$. Comme dans la distance d'output, si $D_I^t(X_n^t, Y_n^t) = 1$ alors (X_n^t, Y_n^t) est techniquement efficient.

Notons que, sous l'hypothèse de la technologie CRS, la fonction de distance d'input est l'inverse de la fonction de distance d'output :

$$D_I^t(X_n^t, Y_n^t) = \frac{1}{D_O^t(X_n^t, Y_n^t)} \tag{7}$$

Pour calculer la variation de l'indice de productivité totale des facteurs de Malmquist, nous avons besoin de deux fonctions de distance d'output de périodes uniques $D_O^t(X_n^t, Y_n^t)$ et $D_O^{t+1}(X_n^{t+1}, Y_n^{t+1})$ et deux

fonctions de distance d'outputs de périodes mixtes $D_O^t(X_n^{t+1}, Y_n^{t+1})$ et $D_O^{t+1}(X_n^t, Y_n^t)$. Ces quatre distances sont définies ci-dessous :
$D_O^t(X_n^t, Y_n^t)$: la fonction de distance d'output de (X_n^t, Y_n^t) par rapport à la technologie de référence S^t
$D_O^{t+1}(X_n^{t+1}, Y_n^{t+1})$: la fonction de distance d'output de (X_n^{t+1}, Y_n^{t+1}) par rapport à la technologie de référence S^{t+1}
$D_O^t(X_n^{t+1}, Y_n^{t+1})$: la fonction de distance d'output de (X_n^{t+1}, Y_n^{t+1}) par rapport à la technologie de référence S^t
$D_O^{t+1}(X_n^t, Y_n^t)$: la fonction de distance d'output de (X_n^t, Y_n^t) par rapport à la technologie de référence S^{t+1}

Les quatre fonctions de distance d'outputs peuvent être calculées au moyen du modèle CCR-DEA à rendements d'échelle constants (Charnes-Cooper-Rhodes) :

$$\left(D_{O,CRS}^t(X_n^t, Y_n^t)\right)^{-1} = \underset{\eta_n, \Gamma}{Max}\, \eta_n$$
$$s.c \begin{cases} X_n^t \geq X^t.\Gamma \\ \eta_n.Y_n^t \leq Y^t.\Gamma \\ \Gamma \geq 0, \eta_n \in \mathbb{R} \end{cases} \quad (8)$$

$$\left(D_{O,CRS}^{t+1}(X_n^{t+1}, Y_n^{t+1})\right)^{-1} = \underset{\eta_n, \Gamma}{Max}\, \eta_n$$
$$s.c \begin{cases} X_n^{t+1} \geq X^{t+1}.\Gamma \\ \eta_n.Y_n^{t+1} \leq Y^{t+1}.\Gamma \\ \Gamma \geq 0, \eta_n \in \mathbb{R} \end{cases} \quad (9)$$

$$\left(D_{O,CRS}^t(X_n^{t+1}, Y_n^{t+1})\right)^{-1} = \underset{\eta_n, \Gamma}{Max}\, \eta_n$$
$$s.c \begin{cases} X_n^{t+1} \geq X^t.\Gamma \\ \eta_n.Y_n^{t+1} \leq Y^t.\Gamma \\ \Gamma \geq 0, \eta_n \in \mathbb{R} \end{cases} \quad (10)$$

$$\left(D_{O,CRS}^{t+1}(X_n^t, Y_n^t)\right)^{-1} = \underset{\eta_n, \Gamma}{Max}\, \eta_n$$
$$s.c \begin{cases} X_n^t \geq X^{t+1}.\Gamma \\ \eta_n.Y_n^t \leq Y^{t+1}.\Gamma \\ \Gamma \geq 0, \eta_n \in \mathbb{R} \end{cases} \quad (11)$$

avec Γ est définie par:

$$\Gamma = \begin{pmatrix} \gamma_1 \\ \gamma_2 \\ \vdots \\ \gamma_n \\ \vdots \\ \gamma_N \end{pmatrix} \tag{12}$$

Si la technologie S^t est considérée comme la référence, l'indice de productivité de Malmquist correspondant à cette référence tel que défini par Caves et al. (1982) s'exprime par:

$$M_O^t = \frac{D_{O,CRS}^t(X_n^{t+1}, Y_n^{t+1})}{D_{O,CRS}^t(X_n^t, Y_n^t)} \tag{13}$$

Alternativement, si la technologie S^{t+1} est prise comme référence, alors l'indice de productivité de Malmquist correspondant à cette référence est défini comme :

$$M_O^{t+1} = \frac{D_{O,CRS}^{t+1}(X_n^{t+1}, Y_n^{t+1})}{D_{O,CRS}^{t+1}(X_n^t, Y_n^t)} \tag{14}$$

Suite à l'étude de Färe et al. (1994), la variation de l'indice de productivité totale des facteurs de Malmquist orienté output entre la date t et la date $t + 1$ est définie comme la moyenne géométrique de deux indices.

$$MPI_O(X_n^t, Y_n^t, X_n^{t+1}, Y_n^{t+1}) = \left(\frac{D_{O,CRS}^t(X_n^{t+1}, Y_n^{t+1})}{D_{O,CRS}^t(X_n^t, Y_n^t)} \times \frac{D_{O,CRS}^{t+1}(X_n^{t+1}, Y_n^{t+1})}{D_{O,CRS}^{t+1}(X_n^t, Y_n^t)} \right)^{1/2} \tag{15}$$

que nous noterons tout au long de l'étude par $TFPCh$ (Changement de Productivité Totale des Facteurs).

De plus, la méthode DEA-MPI peut être décomposée, sous l'hypothèse de rendements d'échelle constants CRS (Constant Return Scale), en deux composantes : la première mesurant le changement dans l'efficience, tandis que l'autre mesurant le changement dans la technologie.

$$TFPCh = \frac{D_{O,CRS}^{t+1}(X_n^{t+1}, Y_n^{t+1})}{D_{O,CRS}^t(X_n^t, Y_n^t)} \times \left(\frac{D_{O,CRS}^t(X_n^{t+1}, Y_n^{t+1})}{D_{O,CRS}^{t+1}(X_n^{t+1}, Y_n^{t+1})} \times \frac{D_{O,CRS}^t(X_n^t, Y_n^t)}{D_{O,CRS}^{t+1}(X_n^t, Y_n^t)} \right)^{1/2} \tag{16}$$

Le premier facteur du membre droit de l'équation représente le changement d'efficience technique entre t et $t + 1$, qui sera noté $TEffCh$; tandis que le deuxième terme, la moyenne géométrique, représente le changement technologique entre t et $t+1$, qui sera noté $TechCh$.

$$Changement\ d'efficience\ technique = TEffCh = \frac{D_{O,CRS}^{t+1}(X_n^{t+1}, Y_n^{t+1})}{D_{O,CRS}^{t}(X_n^{t}, Y_n^{t})} \qquad (17)$$

$$Changement\ technologique = TechCh = \left(\frac{D_{O,CRS}^{t}(X_n^{t+1}, Y_n^{t+1})}{D_{O,CRS}^{t+1}(X_n^{t+1}, Y_n^{t+1})} \times \frac{D_{O,CRS}^{t}(X_n^{t}, Y_n^{t})}{D_{O,CRS}^{t+1}(X_n^{t}, Y_n^{t})}\right)^{1/2} \qquad (18)$$

Donc $TFPCh$ entre t et $t+1$ peut s'écrire:

$$TFPCh = TEffCh \times TechCh \qquad (19)$$

Si la valeur de $TFPCh$ est supérieure à un, cela indique une croissance ou une amélioration de la productivité entre t et $t+1$; tandis qu'une valeur inférieure à un signifie un déclin ou une régression de la productivité entre t et $t+1$, et une valeur égale à un indique qu'il n'y a pas de changement de productivité entre t et $t+1$.

Si $TEffCh$ est supérieur, égal à 1 ou inférieur à 1, alors la DMU se rapproche, ne change pas ou s'écarte, respectivement, de la frontière de production. Si TechCh est supérieur, égal à 1 ou inférieur à 1, la meilleure pratique technologique s'améliore, reste inchangée ou se détériore, respectivement.

En faisant l'hypothèse des rendements d'échelle variables (VRS), Färe et al. (1994) ont également décomposé le changement d'efficience technique $TEffCh$ en un changement d'efficience technique pure, noté $PTEffCh$, et en un changement d'efficience d'échelle, noté $SECh$:

$$TEffCh = PTEffCh \times SECh \qquad (20)$$

Cela impliquerait la résolution des deux programmes linéaires pour les fonctions de distance d'output $D_{O,VRS}^{t}(X_n^{t}, Y_n^{t})$ et $D_{O,VRS}^{t}(X_n^{t+1}, Y_n^{t+1})$ en incluant la condition de convexité $\sum_{n=1}^{N} \lambda_n = 1$ dans les équations de contraintes. $PTEffCh$ est obtenu par :

$$Changement\ d'Efficience\ Technique\ Pure = PTEffCh = \frac{D_{O,VRS}^{t+1}(X_n^{t+1}, Y_n^{t+1})}{D_{O,VRS}^{t}(X_n^{t}, Y_n^{t})} \qquad (21)$$

$SECh$ est obtenu par le rapport de $TEffCh$ et $PTEffCh$:

$$SECh = \frac{D_{O,CRS}^{t+1}(X_n^{t+1}, Y_n^{t+1})}{D_{O,VRS}^{t+1}(X_n^{t+1}, Y_n^{t+1})} \Big/ \frac{D_{O,CRS}^{t}(X_n^{t}, Y_n^{t})}{D_{O,VRS}^{t}(X_n^{t}, Y_n^{t})} \qquad (22)$$

Donc $TFPCh$ peut s'écrire :

$$TFPCh = PTEffCh \times SECh \times TechCh \qquad (23)$$

IV. Résultats empiriques et interprétation

Comme mentionné ci-dessus, l'objectif de cette étude est d'évaluer les changements de productivité des banques conventionnelles et islamiques de 12 pays de la région du Moyen-Orient et Afrique du Nord sur la période 2017-2021.

Tous les résultats ont été obtenus en utilisant le logiciel Deap version 2.1 développé par Coelli (1996).

IV.1 Résultats empiriques concernant les 59 banques conventionnelles

Les tableaux 1, 2, 3 et 4 ci-dessous présentent les scores (et les moyennes) de $TFPCh$ et de ses composantes $TEffCh$, $TechCh$, $PTEffCh$ et $SECh$ pour l'ensemble des 59 banques conventionnelles au cours des quatre périodes 2017-2018, 2018-2019, 2019-2020 et 2020-2021.

Tableau 1 : Scores du changement de la productivité totale $TFPCh$ et de ses composantes des banques conventionnelles pour la période 2017-2018

Banque	TEffCh	TechCh	PTEffCh	SECh	TFPCh
1	0,967	1,056	1,000	0,967	1,022
2	0,949	1,036	0,972	0,976	0,983
3	0,980	1,014	1,013	0,968	0,994
4	1,140	0,966	1,111	1,026	1,101
5	0,976	0,960	0,979	0,997	0,937
6	1,010	1,016	1,002	1,008	1,026
7	0,962	1,070	1,000	0,962	1,029
8	0,909	1,036	0,945	0,962	0,942
9	0,944	1,103	1,005	0,939	1,041
10	0,902	1,078	1,000	0,902	0,972
11	1,032	1,067	1,000	1,032	1,101
12	0,915	1,092	0,994	0,921	0,999
13	1,000	0,926	1,000	1,000	0,926
14	1,000	1,069	1,000	1,000	1,069
15	1,011	1,014	1,019	0,992	1,025
16	0,987	0,982	0,998	0,989	0,969
17	0,982	1,053	1,032	0,951	1,034
18	1,000	1,099	1,000	1,000	1,099
19	1,000	0,963	1,000	1,000	0,963
20	0,974	1,019	0,974	1,000	0,993
21	0,962	0,974	0,964	0,998	0,938

22	0,966	1,000	0,943	1,024	0,966
23	0,985	0,991	0,973	1,013	0,976
24	0,989	1,000	0,978	1,011	0,989
25	0,943	1,067	1,022	0,923	1,007
26	0,991	1,013	0,997	0,994	1,003
27	1,000	0,762	1,000	1,000	0,762
28	0,936	1,063	0,994	0,942	0,996
29	0,944	1,069	1,006	0,939	1,009
30	0,976	1,029	1,000	0,976	1,004
31	0,903	1,030	1,000	0,903	0,930
32	0,966	1,062	1,000	0,966	1,025
33	0,928	1,061	0,986	0,941	0,984
34	0,968	1,034	1,009	0,960	1,000
35	0,973	1,015	1,054	0,923	0,987
36	1,020	0,997	1,043	0,978	1,017
37	0,984	1,006	1,035	0,950	0,990
38	0,966	0,998	0,984	0,982	0,964
39	0,966	1,014	1,002	0,964	0,980
40	0,980	1,002	0,997	0,983	0,981
41	0,995	1,006	1,009	0,986	1,001
42	0,995	1,005	1,029	0,967	1,001
43	1,000	0,934	1,000	1,000	0,934
44	0,997	1,003	0,989	1,008	0,999
45	1,013	0,961	0,979	1,035	0,974
46	0,924	1,016	1,000	0,924	0,938
47	0,963	1,051	1,026	0,939	1,012
48	0,978	1,015	1,013	0,966	0,992
49	1,019	1,004	1,031	0,989	1,023
50	1,000	1,043	1,000	1,000	1,043
51	1,007	1,022	1,000	1,007	1,029
52	0,988	1,043	0,988	1,000	1,031
53	0,972	1,001	0,979	0,993	0,973
54	1,038	1,058	1,040	0,999	1,099
55	0,991	1,033	0,989	1,002	1,024
56	1,015	0,981	0,998	1,018	0,996
57	0,994	1,001	0,987	1,007	0,995
58	1,035	1,024	1,025	1,010	1,060
59	1,114	0,935	1,082	1,030	1,042
Moyenne	0,983	1,015	1,003	0,980	0,997

Tableau 2 : Scores du changement de la productivité totale *TFPCh* et de ses composantes des banques conventionnelles pour la période 2018-2019

Banque	TEffCh	TechCh	PTEffCh	SECh	TFPCh
1	0,963	1,035	0,994	0,969	0,997
2	0,982	1,044	1,029	0,954	1,025
3	0,961	1,044	0,997	0,964	1,003
4	0,932	1,047	0,957	0,974	0,976
5	1,060	1,060	1,055	1,005	1,123
6	1,032	1,033	1,047	0,986	1,066
7	0,874	1,019	0,996	0,877	0,890
8	0,997	1,037	0,977	1,021	1,034
9	1,022	1,040	1,005	1,017	1,062
10	1,002	1,037	1,000	1,002	1,039
11	1,000	1,042	1,000	1,000	1,042
12	0,943	1,048	1,016	0,928	0,988
13	0,973	0,999	1,000	0,973	0,972
14	1,000	1,063	1,000	1,000	1,063
15	0,952	1,044	0,958	0,993	0,994
16	0,945	1,049	0,986	0,959	0,991
17	1,005	1,040	1,009	0,996	1,045
18	1,000	0,847	1,000	1,000	0,847
19	1,000	0,978	1,000	1,000	0,978
20	0,953	1,044	0,960	0,992	0,995
21	0,946	1,047	0,955	0,990	0,990
22	0,945	1,050	0,945	1,000	0,992
23	0,962	1,048	0,969	0,993	1,008
24	0,960	1,044	0,963	0,997	1,003
25	0,948	1,044	0,977	0,971	0,990
26	0,993	1,009	0,984	1,009	1,002
27	0,870	0,419	0,985	0,884	0,365
28	0,905	1,013	0,986	0,917	0,916
29	0,964	1,032	1,001	0,963	0,995
30	0,945	1,044	1,000	0,945	0,987
31	1,000	1,044	1,000	1,000	1,044
32	0,928	1,033	1,000	0,928	0,958
33	0,959	1,044	0,996	0,963	1,001
34	0,958	1,044	0,974	0,984	1,000
35	0,952	1,051	0,918	1,038	1,001
36	0,952	1,051	0,967	0,985	1,000
37	0,946	1,052	0,950	0,995	0,994
38	0,947	1,051	0,967	0,979	0,995
39	0,959	1,044	0,970	0,989	1,001

40	0,953	1,044	0,971	0,981	0,995
41	0,953	1,049	0,971	0,981	0,999
42	0,940	1,051	0,966	0,973	0,988
43	0,868	1,052	1,000	0,868	0,914
44	0,939	1,044	0,948	0,990	0,981
45	0,951	1,044	0,964	0,986	0,993
46	1,083	0,931	1,000	1,083	1,007
47	0,949	1,044	0,970	0,978	0,991
48	0,964	1,044	0,987	0,976	1,006
49	0,992	1,044	1,004	0,988	1,036
50	1,000	1,030	1,000	1,000	1,030
51	0,984	1,037	1,000	0,984	1,020
52	1,015	1,038	0,994	1,021	1,053
53	0,934	1,044	0,957	0,976	0,975
54	0,875	0,994	0,880	0,995	0,870
55	1,019	1,046	1,029	0,991	1,067
56	1,055	1,048	1,086	0,972	1,106
57	0,949	1,044	0,948	1,000	0,991
58	1,050	1,044	1,040	1,010	1,096
59	0,904	1,042	0,947	0,954	0,942
Moyenne	0,965	1,018	0,985	0,980	0,983

Tableau 3 : Scores du changement de la productivité totale $TFPCh$ et de ses composantes des banques conventionnelles pour la période 2019-2020

Banque	TEffCh	TechCh	PTEffCh	SECh	TFPCh
1	1,028	0,984	0,987	1,041	1,012
2	1,011	0,986	0,988	1,024	0,997
3	0,967	1,018	0,973	0,993	0,984
4	1,048	0,924	1,026	1,021	0,968
5	0,940	0,890	1,000	0,940	0,837
6	0,973	0,955	0,962	1,011	0,929
7	1,146	0,980	0,994	1,153	1,123
8	0,975	1,004	0,996	0,978	0,979
9	1,163	1,182	1,023	1,137	1,374
10	1,018	0,966	1,000	1,018	0,983
11	1,000	1,150	1,000	1,000	1,150
12	1,077	0,930	0,977	1,103	1,002
13	1,028	0,950	1,000	1,028	0,977
14	1,000	0,952	1,000	1,000	0,952
15	0,966	1,018	0,942	1,026	0,984
16	1,134	0,892	1,063	1,067	1,011
17	1,132	0,906	1,007	1,124	1,025

18	1,000	2,681	1,000	1,000	2,681
19	1,000	0,945	1,000	1,000	0,945
20	1,020	0,988	1,015	1,006	1,008
21	1,117	0,920	1,102	1,014	1,028
22	1,019	0,937	1,021	0,997	0,954
23	1,040	0,942	1,009	1,031	0,980
24	0,986	1,018	0,988	0,998	1,003
25	0,996	0,968	0,972	1,025	0,964
26	0,979	1,023	0,976	1,002	1,001
27	1,097	1,026	1,002	1,095	1,125
28	1,086	0,983	0,999	1,087	1,068
29	1,006	0,984	0,982	1,025	0,990
30	1,071	0,987	1,000	1,071	1,057
31	1,025	1,007	1,000	1,025	1,032
32	1,148	0,964	1,000	1,148	1,107
33	0,946	1,014	0,949	0,997	0,960
34	0,976	1,016	0,983	0,992	0,992
35	1,054	0,930	0,974	1,082	0,981
36	1,060	0,929	0,975	1,088	0,985
37	1,099	0,931	0,996	1,103	1,022
38	1,128	0,928	1,035	1,090	1,046
39	1,006	0,983	1,005	1,000	0,988
40	0,971	1,009	1,006	0,965	0,980
41	1,073	0,937	1,009	1,063	1,005
42	1,072	0,927	0,983	1,090	0,994
43	1,152	1,323	1,000	1,152	1,524
44	0,973	1,002	0,970	1,003	0,974
45	1,059	0,994	1,056	1,003	1,053
46	0,952	1,173	1,000	0,952	1,117
47	0,987	1,018	0,995	0,992	1,005
48	1,025	0,970	1,003	1,023	0,995
49	1,043	0,976	1,018	1,025	1,018
50	1,000	1,028	1,000	1,000	1,028
51	1,041	1,014	1,000	1,041	1,055
52	1,018	1,009	1,006	1,013	1,027
53	0,986	1,018	1,016	0,971	1,004
54	1,080	0,933	1,075	1,005	1,008
55	1,049	0,953	1,044	1,005	1,000
56	0,994	0,926	0,950	1,047	0,921
57	1,026	0,982	1,026	1,000	1,008
58	1,029	0,949	1,021	1,007	0,977
59	0,966	0,928	0,973	0,993	0,896
Moyenne	1,032	1,000	1,001	1,031	1,032

Tableau 4 : Scores du changement de la productivité totale $TFPCh$ et de ses composantes des banques conventionnelles pour la période 2020-2021

Banque	TEffCh	TechCh	PTEffCh	SECh	TFPCh
1	1,001	1,020	1,019	0,982	1,021
2	1,062	0,944	1,012	1,049	1,003
3	0,993	0,990	0,975	1,018	0,983
4	1,026	0,935	1,018	1,008	0,960
5	1,035	0,927	0,981	1,056	0,960
6	1,046	0,938	1,042	1,004	0,981
7	0,944	1,023	0,997	0,947	0,966
8	1,039	1,025	0,989	1,051	1,065
9	1,000	1,048	1,000	1,000	1,048
10	0,985	1,012	0,999	0,986	0,997
11	1,000	0,962	1,000	1,000	0,962
12	1,061	0,969	0,990	1,072	1,029
13	1,000	0,891	1,000	1,000	0,891
14	1,000	1,002	1,000	1,000	1,002
15	0,992	1,031	0,992	1,001	1,023
16	1,051	0,910	1,050	1,000	0,956
17	0,981	0,945	0,998	0,983	0,927
18	1,000	0,822	1,000	1,000	0,822
19	1,000	0,961	1,000	1,000	0,961
20	0,956	1,067	0,980	0,975	1,020
21	1,015	0,943	1,014	1,001	0,957
22	0,891	0,987	0,997	0,893	0,880
23	1,013	0,981	0,998	1,015	0,993
24	0,988	1,006	0,983	1,005	0,994
25	1,023	1,011	1,000	1,023	1,034
26	0,983	1,030	1,021	0,963	1,013
27	1,036	0,984	1,013	1,022	1,019
28	0,942	1,017	0,988	0,953	0,957
29	0,965	1,021	0,999	0,965	0,985
30	0,907	1,047	1,000	0,907	0,949
31	0,983	1,035	1,000	0,983	1,018
32	1,133	1,006	1,000	1,133	1,140
33	1,169	0,989	1,084	1,079	1,156
34	0,986	1,008	1,018	0,969	0,994
35	1,022	0,974	1,023	0,999	0,995
36	1,035	0,970	1,008	1,027	1,004
37	1,038	0,968	1,012	1,026	1,005
38	1,020	0,965	0,991	1,029	0,984
39	1,021	0,993	1,018	1,003	1,014

40	1,017	0,996	1,013	1,004	1,013
41	1,038	0,973	1,005	1,034	1,010
42	1,057	0,963	1,013	1,043	1,018
43	1,000	0,959	1,000	1,000	0,959
44	0,952	1,038	0,968	0,984	0,988
45	1,019	0,991	1,004	1,015	1,010
46	0,978	0,993	1,000	0,978	0,971
47	0,971	1,021	0,980	0,991	0,991
48	1,011	0,986	0,997	1,014	0,998
49	1,070	0,987	1,035	1,033	1,056
50	1,000	1,005	1,000	1,000	1,005
51	0,938	1,007	1,000	0,938	0,945
52	0,993	1,018	1,009	0,984	1,011
53	1,047	0,953	1,008	1,039	0,998
54	1,082	0,962	1,085	0,998	1,041
55	1,044	0,941	1,037	1,007	0,983
56	1,081	0,933	1,082	0,999	1,008
57	1,047	0,981	1,049	0,999	1,028
58	1,027	0,956	1,031	0,996	0,981
59	0,980	0,975	0,926	1,058	0,956
Moyenne	1,011	0,982	1,007	1,003	0,993

Le tableau 5 ci-dessous présente les moyennes géométriques des changements de la productivité totale des facteurs $TFPCh$ et de ses composantes $TEffCh$, $TechCh$, $PTEffCh$ et $SECh$ pour l'ensemble des 59 banques conventionnelles au cours des quatre périodes 2017-2018, 2018-2019, 2019-2020 et 2020-2021.

Tableau 5 : Moyennes géométriques de $TFPCh$ et de ses composantes pour les banques conventionnelles par période

Année	$TEffCh$	$TechCh$	$PTEffCh$	$SECh$	$TFPCh$
2017-2018	0,983	1,015	1,003	0,980	0,997
2018-2019	0,965	1,018	0,985	0,980	0,983
2019-2020	1,032	1,000	1,001	1,031	1,032
2020-2021	1,011	0,982	1,007	1,003	0,993
Moyenne géométrique	0,997	1,004	0,999	0,998	1,001

Les résultats de ce tableau sont illustrés dans les deux figures ci-dessous :

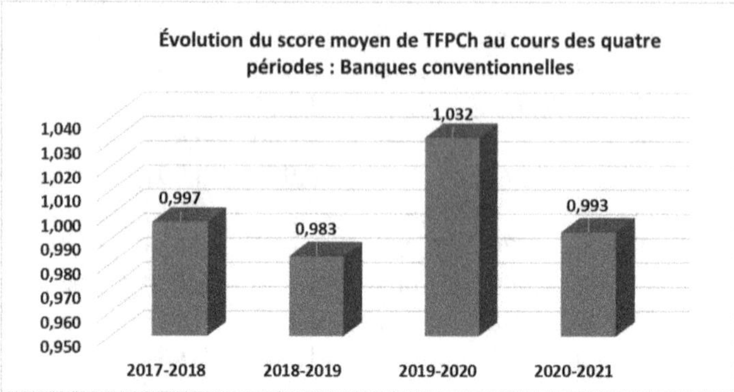

Figure 1: Evolution du score moyen de TFPCh au cours des 4 périodes des banques conventionnelles

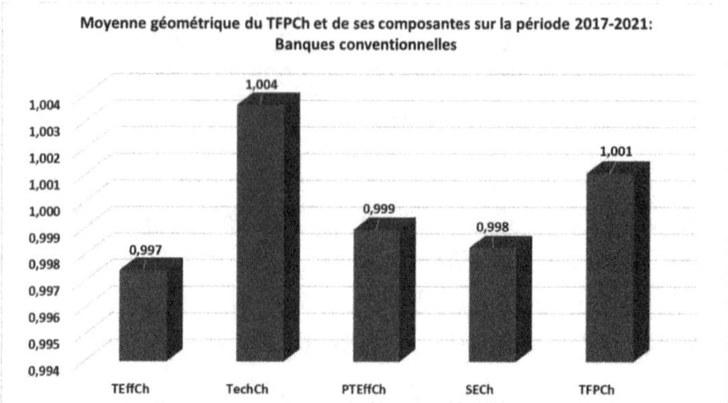

Figure 2: Moyennes géométriques du TFPCh et de ses composantes sur la période 2017-2021 : banques conventionnelles

Selon les résultats du tableau 5, les 59 banques conventionnelles ont affiché une légère progression du $TFPCh$ sur l'intégralité de la période d'étude de 2017 à 2021, avec un score moyen de 1,001, indiquant une augmentation moyenne de 0,1 %. De plus, les résultats révèlent que les banques conventionnelles ont enregistré la plus forte augmentation moyenne du $TFPCh$ sur la période 2019-2020, avec un score moyen de 1,032, correspondant à une croissance moyenne de 3,2 %. Cependant, elles ont également subi la plus forte régression du $TFPCh$ sur la période 2018-2019, avec un score moyen de 0,983, présentant une baisse moyenne de 1,7 %.

Selon toujours le tableau 5 et la figure 2, la légère progression du changement de productivité totale ($TFPCh$) semble principalement attribuable à l'augmentation du changement technologique ($TechCh$), qui a enregistré un score de 1,004, soit une augmentation de 0,4 %. En revanche, les banques conventionnelles ont observé une légère régression du changement d'efficience technique ($TEffCh$) sur l'ensemble de la période d'étude de 2017 à 2021, avec une baisse moyenne de 0.

Le tableau 6 ci-dessous présente les moyennes géométriques du changement de productivité totale des facteurs ($TFPCh$) ainsi que de ses composantes $TEffCh$, $TechCh$, $PTEffCh$ et $SECh$ pour l'ensemble des 59 banques conventionnelles sur toute la période d'étude de 2017 à 2021.

Tableau 6 : Moyennes géométriques du $TFPCh$ et de ses composantes des 59 banques conventionnelles sur la période 2017-2021

	Banque	$TEffCh$	$TechCh$	$PTEffCh$	$SECh$	$TFPCh$
Bahrain	1	0,990	1,024	1,000	0,990	1,013
	2	1,000	1,002	1,000	1,000	1,002
	3	0,975	1,016	0,987	0,988	0,991
Algérie	4	1,034	0,967	1,027	1,007	1,000
	5	1,002	0,957	1,003	0,998	0,959
	6	1,015	0,985	1,012	1,002	0,999
Emirates Arabes Unies	7	0,976	1,023	0,997	0,980	0,998
	8	0,979	1,025	0,977	1,002	1,004
	9	1,029	1,092	1,008	1,021	1,123
	10	0,976	1,022	1,000	0,976	0,997
	11	1,008	1,053	1,000	1,008	1,062
	12	0,997	1,008	0,994	1,002	1,004
	13	1,000	0,941	1,000	1,000	0,941
	14	1,000	1,020	1,000	1,000	1,020
	15	0,980	1,027	0,977	1,003	1,006
Egypte	16	1,027	0,956	1,024	1,003	0,981
	17	1,023	0,984	1,011	1,012	1,007
	18	1,000	1,197	1,000	1,000	1,197
	19	1,000	0,962	1,000	1,000	0,962
Jordanie	20	0,976	1,029	0,982	0,993	1,004
	21	1,008	0,970	1,007	1,001	0,978
	22	0,954	0,993	0,976	0,977	0,947
	23	1,000	0,990	0,987	1,013	0,990
	24	0,981	1,017	0,978	1,003	0,997

Kuwait	25	0,977	1,022	0,992	0,985	0,999
	26	0,986	1,019	0,994	0,992	1,005
	27	0,997	0,753	1,000	0,997	0,751
	28	0,965	1,019	0,992	0,973	0,983
	29	0,970	1,026	0,997	0,972	0,995
Liban	30	0,973	1,026	1,000	0,973	0,999
	31	0,977	1,029	1,000	0,977	1,005
	32	1,039	1,015	1,000	1,039	1,055
	33	0,996	1,027	1,002	0,994	1,022
Maroc	34	0,972	1,025	0,996	0,976	0,996
	35	1,000	0,991	0,991	1,009	0,991
	36	1,016	0,986	0,998	1,019	1,002
	37	1,015	0,988	0,998	1,017	1,003
	38	1,013	0,984	0,994	1,019	0,997
	39	0,988	1,008	0,999	0,989	0,996
	40	0,980	1,012	0,997	0,983	0,992
	41	1,014	0,990	0,998	1,015	1,004
	42	1,015	0,986	0,998	1,017	1,000
	43	1,000	1,057	1,000	1,000	1,057
	44	0,965	1,021	0,968	0,996	0,985
	45	1,010	0,997	1,000	1,010	1,007
	46	0,982	1,024	1,000	0,982	1,006
Oman	47	0,967	1,033	0,993	0,975	1,000
	48	0,994	1,003	1,000	0,994	0,998
	49	1,031	1,003	1,022	1,009	1,033
Qatar	50	1,000	1,026	1,000	1,000	1,026
	51	0,992	1,020	1,000	0,992	1,011
	52	1,003	1,027	0,999	1,004	1,031
Tunisie	53	0,984	1,003	0,990	0,994	0,987
	54	1,015	0,986	1,016	0,999	1,001
	55	1,026	0,992	1,025	1,001	1,018
	56	1,036	0,971	1,027	1,008	1,006
	57	1,003	1,002	1,002	1,001	1,005
	58	1,035	0,992	1,029	1,006	1,027
	59	0,988	0,969	0,980	1,008	0,958

De ce tableau, nous pouvons déduire les scores moyens les plus élevés et les plus bas du $TFPCH$ sur toute la période d'étude 2017-2021. Ceci est illustré dans le tableau 7 ci-dessous :

Tableau 7 : Scores moyens maximums et minimums du $TFPCh$ sur la période 2017-2021 pour les banques conventionnelles

	Banque	$TEffCh$	$TechCh$	$PTEffCh$	$SECh$	$TFPCh$
Max	18	1,039	1,197	1,029	1,039	1,197
Min	15	0,954	0,753	0,968	0,972	0,751

Selon les résultats du tableau précédent, la banque numéro 18 (Commercial International Bank of Egypt) a enregistré la plus forte augmentation du $TFPCH$, avec un score moyen de 1,197, représentant une progression moyenne de 19,7 % sur la période 2017-2021. Cette performance est principalement attribuable au changement technologique ($TechCh$), qui a également obtenu un score de 1,197 avec une augmentation moyenne de 19,7 %. En revanche, le tableau révèle que la banque numéro 27 (Commercial Bank of Kuwait) a connu la plus forte baisse du $TFPCH$, avec un score moyen de 0,751, correspondant à une régression moyenne de 24,9 % sur toute la période d'étude de 2017 à 2021.

Le tableau 7 fournit également des informations sur le pourcentage de banques conventionnelles affichant des scores moyens supérieurs à 1, inférieurs à 1 et égaux à 1 sur l'ensemble de la période d'étude de 2017 à 2021, comme indiqué dans le tableau 8 ci-dessous.

Tableau 8 : Pourcentage de scores >1, <1 et =1 pour le $TFPCh$ et pour ses composantes sur la période 2017-2021 pour les banques conventionnelles

	$TEffCh$	$TechCh$	$PTEffCh$	$SECh$	$TFPCh$
Pourcentage de scores >1	37%	61%	24%	46%	51%
Pourcentage de scores <1	47%	39%	46%	42%	44%
Pourcentage de scores =1	15%	0%	31%	12%	5%

Selon les résultats du tableau présenté, 51 % des banques conventionnelles ont obtenu des scores supérieurs à 1 pour le changement de productivité totale des facteurs TFPCh, tandis que 44 % ont enregistré des scores inférieurs à 1. Seulement 4 % des banques ont obtenu des scores égaux à 1 sur l'ensemble de la période d'étude allant de 2017 à 2021.

Du tableau 8 ci-dessus on peut extraire les scores moyens du $TFPCh$ et de ses composantes pour les banques conventionnelles pour chaque pays sur l'ensemble de la période d'étude 2017-2021 qui sont regroupés sur le tableau 9 ci-dessous.

Tableau 9 : Scores moyens du *TFPCh* et de ses composantes par pays sur 2017-2021 pour les banques conventionnelles

Pays	*TEffCh*	*TechCh*	*PTEffCh*	*SECh*	*TFPCh*
Bahrain	0,988	1,014	0,996	0,993	1,002
Algérie	1,017	0,970	1,014	1,002	0,986
Emirates Arabes Unies	0,994	1,023	0,995	0,999	1,016
Egypte	1,012	1,020	1,009	1,004	1,033
Jordanie	0,984	1,000	0,986	0,997	0,983
Kuwait	0,979	0,961	0,995	0,984	0,941
Libon	0,996	1,024	1,000	0,995	1,020
Maroc	0,998	1,005	0,995	1,002	1,003
Oman	0,997	1,013	1,005	0,993	1,010
Qatar	0,998	1,024	1,000	0,999	1,023
Tunisie	1,012	0,988	1,010	1,002	1,000

Ce tableau montre que les banques de l'Egypte ont enregistré en moyenne la plus forte progression pour le *TFPCh* avec le score moyen de 1,033 représentant une augmentation moyenne de 3,3%, ce qui est principalement dû à une croissance moyenne du changement technologique avec un score de 1,020. On peut également remarquer que l'Egypte présente une progression pour toutes les composantes du *FTPCh* avec des scores moyens supérieurs à 1.

A l'inverse, les banques du Koweït ont enregistré la plus forte baisse pour le *TFPCh* avec le score moyen de 0,941 correspondant à une régression moyenne de 5,9%, qui est principalement attribuée à une régression moyenne du changement technologique avec le score moyen de 0,961. Ce tableau indique que les banques égyptiennes ont enregistré la progression la plus significative en moyenne pour le *TFPCh*, avec un score moyen de 1,033, représentant une augmentation moyenne de 3,3%. Cette amélioration est principalement due à une croissance moyenne du changement technologique, avec un score de 1,020. Il est également à noter que l'Égypte affiche des progrès dans toutes les composantes du *FTPCh*, avec des scores moyens supérieurs à 1.

En revanche, les banques du Koweït ont enregistré la plus forte baisse moyenne pour le *TFPCh*, avec un score moyen de 0,941, correspondant à une régression moyenne de 5,9%. Cette diminution est principalement attribuée à une régression moyenne du changement technologique, avec un score moyen de 0,961.

La figure 3 ci-dessous présente la comparaison des scores moyens du *TFPCh* pour les 11 pays sur l'ensemble de la période d'étude 2017-2021.

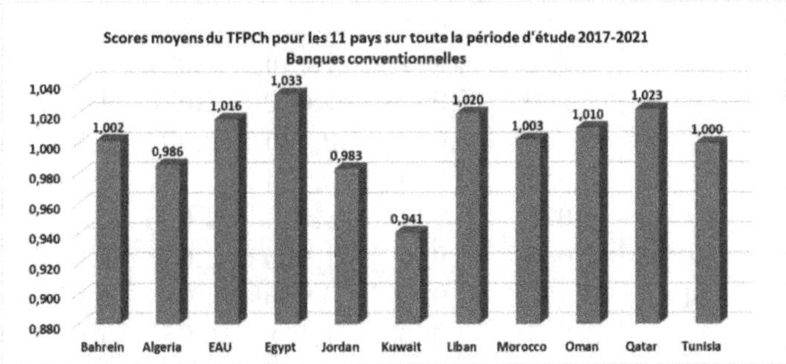

Figure 3 : Comparaison des scores moyens du $TFPCh$ pour les 11 pays sur la période d'étude 2017-2021

Le tableau 10 ci-dessous présente le classement des 11 pays selon leurs scores moyens du $TFPCh$.

Tableau 10 : Classement des 11 pays selon leurs scores moyens du $TFPCh$

Pays	$TFPCh$	Rang
Egypte	1,033	1
Qatar	1,023	2
Liban	1,020	3
Emirates Arabe Unies	1,016	4
Oman	1,010	5
Maroc	1,003	6
Bahrain	1,002	7
Tunisie	1,000	8
Algérie	0,986	9
Jordanie	0,983	10
Kuwait	0,941	11

IV.2 Résultats empiriques des 22 banques islamiques

Les tableaux 11, 12, 13 et 14 ci-dessous présentent les scores (et les moyennes) de $TFPCh$ et de ses composantes $TEffCh$, $TechCh$, $PTEffCh$ et $SECh$ pour l'ensemble des 59 banques islamiques au cours des quatre périodes 2017-2018, 2018-2019, 2019-2020 et 2020-2021.

Tableau 11 : Scores du changement de la productivité totale $TFPCh$ et de ses composantes des banques islamiques pour la période 2017-2018

Banque	TEffCh	TechCh	PTEffCh	SECh	TFPCh
1	0,952	0,950	1,000	0,952	0,904
2	0,949	0,851	0,958	0,991	0,808
3	1,021	0,947	1,022	1,000	0,967

4	0,985	1,045	1,000	0,985	1,029
5	1,028	0,947	1,026	1,001	0,973
6	1,069	0,947	1,040	1,028	1,012
7	0,986	1,039	0,984	1,003	1,025
8	0,951	0,959	0,904	1,052	0,912
9	1,085	0,947	1,033	1,050	1,027
10	1,046	0,959	1,000	1,046	1,003
11	0,979	0,947	0,966	1,013	0,927
12	1,082	0,958	1,138	0,951	1,037
13	1,124	0,947	1,138	0,988	1,065
14	1,070	1,082	1,000	1,070	1,158
15	0,511	0,398	1,000	0,511	0,204
16	1,079	0,796	1,250	0,863	0,859
17	2,454	0,444	1,219	2,013	1,089
18	1,051	0,928	1,051	1,000	0,976
19	1,000	0,988	1,000	1,000	0,988
20	1,000	1,000	1,000	1,000	1,000
21	1,239	0,944	1,769	0,700	1,169
22	0,920	1,041	0,932	0,988	0,958
Moyenne	1,036	0,890	1,054	0,983	0,922

Tableau 12 : Scores du changement de la productivité totale $TFPCh$ et de ses composantes des banques islamiques pour la période 2018-2019

Banque	TEffCh	TechCh	PTEffCh	SECh	TFPCh
1	1,147	1,017	1,169	0,981	1,166
2	0,519	1,113	0,535	0,970	0,578
3	1,127	1,017	1,127	1,000	1,146
4	0,911	1,080	1,000	0,911	0,983
5	0,939	1,017	0,945	0,995	0,955
6	0,999	1,017	0,964	1,036	1,016
7	0,965	1,049	0,997	0,967	1,011
8	0,887	1,017	0,981	0,903	0,901
9	0,857	1,017	0,836	1,025	0,871
10	1,099	1,017	1,000	1,099	1,117
11	1,019	1,017	0,970	1,051	1,036
12	0,967	1,023	0,985	0,981	0,989
13	0,521	1,068	0,519	1,004	0,557
14	1,000	1,121	1,000	1,000	1,121
15	0,687	1,106	1,000	0,687	0,760
16	0,955	1,042	1,920	0,497	0,995
17	0,752	1,106	0,864	0,870	0,832
18	0,894	1,121	0,983	0,910	1,002
19	1,000	0,955	1,000	1,000	0,955

20	1,000	1,087	1,000	1,000	1,087
21	1,064	1,017	1,136	0,937	1,082
22	0,899	1,124	0,981	0,916	1,010
Moyenne	0,901	1,051	0,967	0,932	0,947

Tableau 13 : Scores du changement de la productivité totale $TFPCh$ et de ses composantes des banques islamiques pour la période 2019-2020

Banque	TEffCh	TechCh	PTEffCh	SECh	TFPCh
1	1,231	1,006	1,204	1,023	1,239
2	1,075	0,982	1,143	0,940	1,056
3	1,040	1,013	1,040	0,999	1,053
4	1,087	0,974	1,000	1,087	1,059
5	1,152	1,013	1,118	1,031	1,167
6	1,041	1,013	0,992	1,049	1,054
7	0,727	0,979	1,025	0,710	0,712
8	0,948	1,013	0,949	0,999	0,960
9	1,033	1,013	0,983	1,051	1,045
10	1,140	1,013	1,000	1,140	1,154
11	1,179	1,013	1,071	1,101	1,193
12	0,988	1,013	1,016	0,972	1,000
13	1,062	0,994	1,092	0,972	1,055
14	0,980	0,936	1,000	0,980	0,918
15	0,790	1,251	1,000	0,790	0,989
16	1,087	0,923	1,000	1,087	1,004
17	0,926	1,189	1,072	0,864	1,101
18	2,508	1,509	2,229	1,125	3,784
19	1,000	0,889	1,000	1,000	0,889
20	1,000	0,958	1,000	1,000	0,958
21	0,882	1,013	0,868	1,015	0,893
22	1,281	0,948	1,295	0,989	1,213
Moyenne	1,065	1,023	1,074	0,991	1,089

Tableau 14 : Scores du changement de la productivité totale $TFPCh$ et de ses composantes des banques islamiques pour la période 2020-2021

Banque	TEffCh	TechCh	PTEffCh	SECh	TFPCh
1	1,068	1,049	1,020	1,047	1,120
2	0,980	1,060	0,964	1,016	1,038
3	0,922	1,142	0,936	0,985	1,053
4	1,153	1,088	1,000	1,153	1,254
5	0,836	1,137	0,877	0,953	0,951
6	0,843	1,151	0,892	0,945	0,970
7	0,970	0,983	1,016	0,955	0,953
8	0,981	1,149	0,924	1,062	1,128

9	0,938	1,143	1,009	0,929	1,072
10	0,880	1,144	1,000	0,880	1,007
11	0,833	1,141	0,920	0,906	0,950
12	0,816	1,154	0,800	1,021	0,942
13	0,955	1,057	0,950	1,005	1,009
14	0,942	1,066	1,000	0,942	1,003
15	1,024	1,048	1,000	1,024	1,074
16	0,855	1,086	0,519	1,647	0,928
17	0,991	1,044	0,950	1,043	1,035
18	1,000	0,949	1,000	1,000	0,949
19	1,000	0,735	1,000	1,000	0,735
20	1,000	1,045	1,000	1,000	1,045
21	1,174	1,082	1,247	0,942	1,270
22	1,047	0,958	1,019	1,027	1,003
Moyenne	0,959	1,059	0,947	1,014	1,016

Le tableau 15 ci-dessous montre les moyennes géométriques du changement de productivité totale des facteurs $TFPCh$ et de ses composantes $TEffCh$, $TechCh$, $PTEffCh$ et $SECh$ pour l'ensemble des 22 banques islamiques au cours des quatre périodes 2017-2018, 2018-2019, 2019-2020 et 2020-2021.

Tableau 15 : Moyennes géométriques du $TFPCh$ et de ses composantes pour les banques islamiques par période

Année	$TEffCh$	$TechCh$	$PTEffCh$	$SECh$	$TFPCh$
2017-2018	1,036	0,890	1,054	0,983	0,922
2018-2019	0,901	1,051	0,967	0,932	0,947
2019-2020	1,065	1,023	1,074	0,991	1,089
2020-2021	0,959	1,059	0,947	1,013	1,016
Moyenne géométrique	0,988	1,003	1, 009	0,979	0,991

Les résultats de ce tableau sont illustrés graphiquement dans les deux figures ci-dessous.

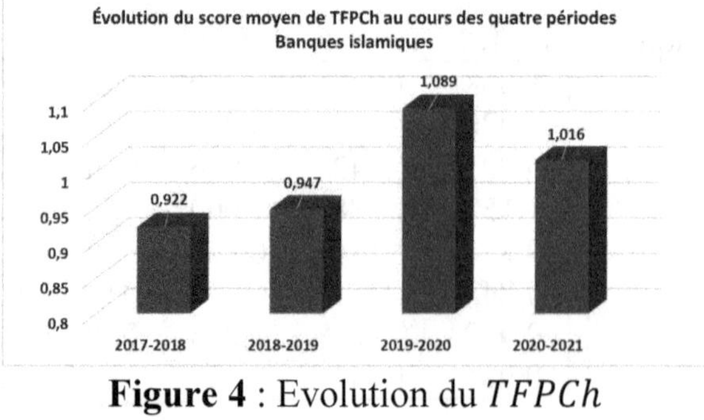

Figure 4 : Evolution du $TFPCh$

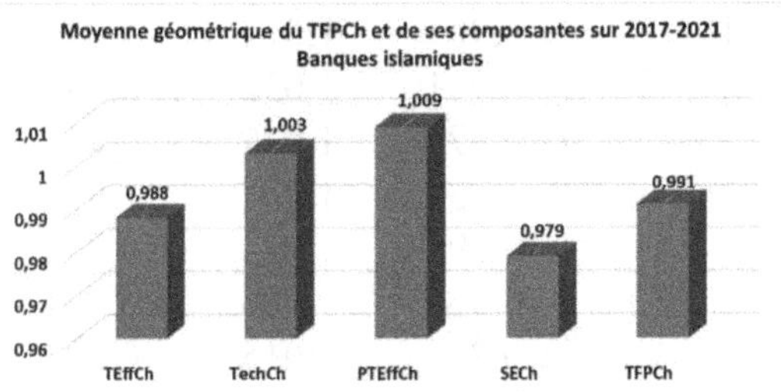

Figure 5 : Moyenne géométrique du $TFPCh$ et de ses composantes

Le tableau 15 révèle que les 22 banques islamiques ont enregistré une diminution du $TFPCh$ sur l'ensemble de la période d'étude de 2017 à 2021, affichant un score moyen de 0,991, ce qui représente une régression moyenne de 0,9%. En outre, les résultats démontrent que, d'une part, les banques islamiques ont enregistré la plus forte augmentation moyenne du $TFPCh$ pendant la période de 2019 à 2020, avec un score moyen de 1,089, reflétant une hausse moyenne de 8,9%, et d'autre part, la plus forte régression du $TFPCh$ pendant la période de 2017 à 2018, avec une baisse moyenne de 1,7%.

En analysant le tableau 15 et la figure 5, la régression observée du $TFPCh$ sur l'ensemble de la période d'étude de 2017 à 2021 est principalement imputable à la diminution du changement d'efficience technique, $TEffCh$, qui a obtenu un score de 0,988, représentant une régression moyenne de 1,12%. Cette baisse est principalement due à une diminution du changement d'efficience d'échelle, $SECh$, affichant une régression moyenne de 0,979, ce qui équivaut à une diminution moyenne de 2,1%.

Le tableau 16 ci-dessous présente les moyennes géométriques du changement de productivité totale des facteurs $TFPCh$ et de ses composantes $TEffCh$, $TechCh$, $PTEffCh$ et $SECh$ pour l'ensemble des 22 banques islamiques sur la période d'étude 2017-2121.

Tableau 16 : Moyennes géométriques du $TFPCh$ et de ses composantes des 22 banques islamiques sur 2017-2021

	Banque	$TEffCh$	$TechCh$	$PTEffCh$	$SECh$	$TFPCh$
Bahreïn	1	1,094	1,005	1,095	1,000	1,100
	2	0,849	0,997	0,867	0,979	0,846
Arabie Saoudite	3	1,025	1,027	1,029	0,996	1,053
	4	1,030	1,046	1,000	1,030	1,077
	5	0,982	1,026	0,988	0,994	1,008
	6	0,984	1,029	0,971	1,014	1,013

	7	0,905	1,012	1,005	0,900	0,916
	8	0,941	1,032	0,939	1,002	0,971
	9	0,974	1,027	0,962	1,012	1,001
	10	1,036	1,031	1,000	1,036	1,068
	11	0,995	1,027	0,980	1,015	1,022
Emirates Arabes Unies	12	0,958	1,035	0,977	0,981	0,991
	13	0,878	1,015	0,885	0,992	0,891
	14	0,997	1,049	1,000	0,997	1,046
Maroc	15	0,730	0,872	1,000	0,730	0,637
	16	0,989	0,955	1,056	0,936	0,945
	17	1,141	0,884	1,018	1,121	1,008
Oman	18	1,239	1,105	1,232	1,006	1,369
Qatar	19	1,000	0,886	1,000	1,000	0,886
	20	1,000	1,021	1,000	1,000	1,021
Tunisie	21	1,081	1,012	1,214	0,890	1,094
	22	1,026	1,015	1,048	0,979	1,042

De ce tableau, nous pouvons déduire les scores moyens maximums et minimums du $TFPCH$ sur toute la période d'étude 2017-2021. Ceci est illustré dans le tableau 17 ci-dessous :

Tableau 17 : Scores moyens maximums et minimums du $TFPCh$ sur la période 2017-2021 pour les banques islamiques

	Banque	$TEffCh$	$TechCh$	$PTEffCh$	$SECh$	$TFPCh$
Max	18	1,239	1,105	1,232	1,121	1,369
Min	15	0,730	0,872	0,867	0,730	0,637

Comme illustré dans le tableau ci-dessus, la banque n°18 (Alizz Islamic Bank of Oman) est celle qui a enregistré la plus forte augmentation du $TFPCh$, avec un score moyen de 1,369, correspondant à une progression moyenne de 36,9% sur la période 2017-2021. Cette amélioration est principalement attribuée à une augmentation moyenne de 23,8% du changement d'efficience technique et de 10,5% du changement technologique. Par ailleurs, le tableau met également en évidence que la banque n°15 (Al Akhdar Bank du Maroc) a enregistré la plus forte baisse du $TFPCh$, avec un score moyen de 0,637, représentant une régression moyenne de 36,3% sur l'ensemble de la période d'étude de 2017 à 2021. Cette régression est attribuée à la diminution à la fois du changement d'efficience technique et du changement technologique.

En se référant au tableau 17, on peut déduire le pourcentage de banques islamiques présentant des scores moyens supérieurs à 1, inférieurs à 1 et égaux à 1 sur la période d'étude de 2017 à 2021, comme illustré dans le tableau 18 ci-dessous :

Tableau 18 : Pourcentage de scores >1, <1 et =1 pour le $TFPCh$ et pour ses composantes sur 2017-2021 pour les banques islamiques

	$TEffCh$	$TechCh$	$PTEffCh$	$SECh$	$TFPCh$
Percentage of scores >1	36%	77%	36%	36%	64%
Percentage of scores <1	55%	23%	36%	50%	36%
Percentage of scores =1	9%	0%	27%	14%	0%

Selon les données présentées dans le tableau précédent, 64 % des banques islamiques ont affiché des scores supérieurs à 1 pour le changement de productivité totale des facteurs $TFPCh$, tandis que 36 % ont enregistré des scores inférieurs à 1. Aucune banque islamique n'a enregistré de score égal à 1 au cours de la période d'étude de 2017 à 2021. Du tableau 18, nous pouvons également extraire les scores moyens du $TFPCh$ et de ses composantes pour les banques islamiques de chaque pays sur la période d'étude 2017-2021, présentés dans le tableau 19 ci-dessous.

Tableau 19 : Scores moyens du $TFPCh$ et de ses composantes par pays sur 2017-2021 pour les banques islamiques

Pays	$TEffCh$	$TechCh$	$PTEffCh$	$SECh$	$TFPCh$
Bahreïn	0,964	1,001	0,974	0,989	0,965
Arabie Saoudite	0,985	1,029	0,986	0,999	1,013
Emirates Arabes Unies	0,943	1,033	0,953	0,990	0,974
Maroc	0,937	0,903	1,024	0,915	0,847
Oman	1,239	1,105	1,232	1,006	1,369
Qatar	1,000	0,951	1,000	1,000	0,951
Tunisie	1,053	1,013	1,128	0,933	1,068

D'après les résultats fournies dans ce tableau, les banques d'Oman ont enregistré la progression la plus significative pour le TFPCh, avec un score moyen de 1,369, représentant une augmentation moyenne de 36,39%. Cette progression est principalement attribuée à une croissance moyenne du changement d'efficience technique, avec un score de 1,239. Il est également à noter que les banques islamiques d'Oman ont présenté une amélioration dans toutes les composantes du TFPCh, avec des scores moyens dépassant 1.

En revanche, les banques islamiques du Maroc ont enregistré la plus forte baisse pour le TFPCh, avec un score moyen de 0,847, correspondant à une régression moyenne de 15,3%. Cette baisse est principalement attribuée à une régression moyenne du changement technologique et à une diminution du changement d'efficience d'échelle.

La figure 6 ci-dessous présente la comparaison des scores moyens du *TFPCh* pour les 7 pays sur la période d'étude 2017-2021.

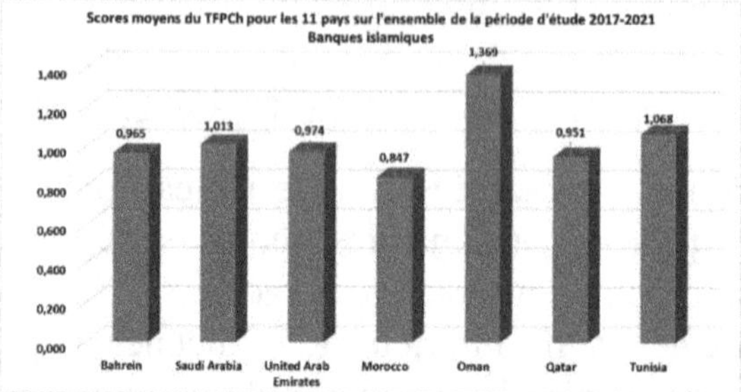

Figure 6 : Comparaison des scores moyens du *TFPCh* pour les 7 pays sur la période d'étude

Il est manifeste que le score moyen du *TFPCh* attribué à Oman surpasse de loin ceux des autres pays. Le tableau 20 ci-dessous expose le classement des 7 pays selon les scores moyens du *TFPCh*.

Tableau 20 : Classement des 7 pays selon le score moyen du *TFPCh*

Pays	*TFPCh*	Rang
Oman	1,369	1
Tunisie	1,068	2
Arabie Saoudite	1,013	3
Emirates Arabes Unies	0,974	4
Bahreïn	0,965	5
Qatar	0,951	6
Maroc	0,847	7

V. Conclusion

Les banques de la région MENA, en tant qu'acteurs clés du système financier, sont confrontées à d'importants défis liés à la mondialisation et à la compétitivité croissante de l'économie moderne. Elles doivent optimiser l'utilisation de leurs ressources pour offrir des produits et des services de qualité, assurant ainsi leur viabilité et leur succès dans un environnement concurrentiel exigeant. Pour ce faire, elles ont besoin d'outils spécifiques pour évaluer leur évolution de productivité au fil du temps, renforçant ainsi la confiance de leurs actionnaires, des investisseurs et de leur clientèle.

Ce chapitre s'est penché sur l'évaluation des changements de productivité totale des facteurs dans le secteur bancaire de la région MENA au cours de la période 2017-2021. A cette fin, nous avons utilisé l'indice de productivité totale des facteurs de Malmquist (MPI), basé sur la méthode Data Envelopment Analysis (DEA), pour évaluer les évolutions de productivité des banques conventionnelles et islamiques dans 12 pays de la région MENA. Les banques ont été réparties en deux catégories : 59 banques conventionnelles provenant de 11 pays et 22 banques islamiques provenant de 7 pays. Pour chaque catégorie, nous avons appliqué séparément la méthode de l'indice de productivité totale des facteurs de Malmquist, en utilisant l'approche orientée output de la DEA.

Nous avons spécifié trois inputs à savoir les Dettes hormis les capitaux propres, les Charges générales d'exploitation sans les rotations aux amortissements et aux dépréciations des immobilisations incorporelles et corporelles et les Dotations aux amortissements et aux dépréciations des immobilisations incorporelles et corporelles et deux outputs à savoir le Total actif hormis les immobilisations et le Produit net bancaire; qui ont été extraits des bilans et des comptes de résultats des banques pour la période d'étude. Tous les résultats ont été obtenus en utilisant le logiciel Deap version 2.1 développé par Coelli (1996).

Pour ce qui est des banques conventionnelles, les résultats indiquent une légère amélioration de la productivité totale des facteurs sur la période étudiée, avec une hausse de 0,1%, principalement attribuée aux avancées technologiques, qui ont enregistré une augmentation de 0,4%. Elles ont connu leur plus forte progression moyenne de productivité en 2019-2020, avec une croissance de 3,2%, et la plus forte régression en 2018-2019, avec une baisse de 1,7%.

Pendant la période 2017-2021, une banque égyptienne a marqué la plus grande augmentation de productivité, avec une hausse de 19,7%, principalement attribuable aux progrès technologiques, tandis qu'une banque koweïtienne a enregistré la plus forte baisse, avec une régression de 24,9%.

De plus, durant cette période, on observe que 51% des banques conventionnelles ont vu leur productivité augmenter. Les banques égyptiennes ont affiché les plus fortes progressions moyennes de productivité, avec une augmentation de 3,3%, principalement due aux avancées technologiques. En revanche, les banques du Koweït ont enregistré la plus forte baisse de productivité, avec une régression de 5,9%.

Concernant les banques islamiques, les résultats indiquent qu'elles ont enregistré une baisse moyenne de productivité de 0,9% sur la période étudiée. Leur plus forte augmentation moyenne de productivité a été enregistrée sur la période 2019-2020, avec une hausse de 8,9%, tandis que la plus forte régression a été observée sur la période 2017-2018, avec une baisse de 1,7%.

Pendant cette période, une banque islamique d'Oman a vu sa productivité augmenter de 36,9%, la plus forte hausse observée. En revanche, une banque islamique du Maroc a connu la plus forte baisse, avec une chute de 36,3%.

Les résultats ont également révélé que 64% des banques islamiques ont vu leur productivité augmenter au cours de la période étudiée. Les banques islamiques d'Oman ont enregistré la plus forte progression de productivité, avec une augmentation de 36,39%, tandis que les banques islamiques du Maroc ont enregistré la plus forte baisse, avec une régression de 15,3%, principalement attribuable à une régression technologique et à une baisse d'efficience d'échelle.

En résumé, la méthode DEA-Malmquist présente un intérêt significatif pour mesurer les changements de productivité totale des banques dans la région MENA. Cette approche combine la méthode DEA avec l'indice de Malmquist pour fournir une évaluation détaillée de la performance des banques en termes d'efficience technique et de changements technologiques au fil du temps.

La région MENA est caractérisée par une diversité économique et des défis spécifiques, tels que des différences dans les niveaux de développement économique, des structures de marché variées et des régulations financières disparates. L'application de la méthode DEA-Malmquist dans ce contexte offre plusieurs bénéfices :

- Identification des inefficiences : Les résultats peuvent mettre en lumière les inefficiences dans les opérations bancaires, permettant aux gestionnaires de prendre des mesures correctives.
- Politiques et stratégies de réforme : Les gouvernements et les régulateurs peuvent utiliser les résultats pour formuler des politiques visant à améliorer l'efficience du secteur bancaire, promouvoir la concurrence et stimuler l'innovation.
- Benchmarking régional : La méthode permet de réaliser un benchmarking au sein de la région MENA, facilitant l'échange de connaissances et de pratiques optimales entre les pays.

Chapitre 4

Facteurs déterminants de l'efficience bancaire dans la région MENA : Méthode DEA-Tobit en deux étapes

I. Introduction

De nos jours, le secteur bancaire joue un rôle central dans l'économie en facilitant l'allocation des ressources financières aux investisseurs. Cependant, cette activité est également une source majeure de fragilité et de risques dans un système financier en évolution constante. C'est pourquoi les chercheurs et les économistes portent un vif intérêt à l'étude de l'efficience et de ses déterminants dans le secteur bancaire. L'évaluation de l'efficience bancaire revêt une importance cruciale pour la durabilité du secteur et pour favoriser une croissance économique soutenue. En effet, un système bancaire efficient est mieux à même de résister aux chocs négatifs et de contribuer à la stabilité financière. Ainsi, la mesure de l'efficience est devenue un objectif stratégique pour les banques, et l'identification des déterminants de l'efficience est un enjeu crucial permettant aux banques de définir des stratégies et politiques susceptibles d'améliorer leur performance.

L'objectif de ce chapitre est d'évaluer dans un premier temps l'efficience de 59 banques réparties dans 11 pays de la région MENA sur la période 2017-2021, puis dans un deuxième temps d'identifier les déterminants susceptibles d'avoir un impact significatif sur cette efficience. Pour ce faire, nous utilisons l'approche Data Envelopment Analysis (DEA) en deux étapes. La première étape consiste à estimer l'efficience technique des banques à l'aide de l'approche DEA, tandis que la deuxième étape utilise les scores d'efficience technique, d'efficience technique pure et d'efficience d'échelle comme variables dépendantes pour identifier les facteurs déterminants qui influencent l'efficience, en appliquant le modèle de régression Tobit en panel.

II. Revue de littérature

Dans cette section, nous proposons une synthèse succincte de la littérature empirique portant sur la mesure de l'efficience bancaire et l'identification de ses déterminants. L'efficience des banques revêt une importance capitale pour la stabilité du système financier et la dynamique de croissance économique. En effet, les banques efficientes favorisent la croissance économique en allouant de manière optimale les ressources financières. C'est pourquoi de nombreux chercheurs et praticiens du secteur bancaire à travers le monde se sont penchés sur la mesure de l'efficience des banques et l'analyse de ses déterminants.

La littérature économique et financière classe les facteurs déterminants de l'efficience bancaire en deux grandes catégories, les facteurs internes et les facteurs externes. Les déterminants internes sont des facteurs représentatifs des caractéristiques et spécificités financières des banques qui sont principalement liés à la gestion et peuvent être qualifiés de déterminants organisationnels ou managériaux de l'efficience. Les déterminants externes sont des facteurs qui ne sont pas sous le contrôle direct des banques et relèvent des environnements financiers, macro-économiques ou institutionnels.

Les facteurs internes sont extraits principalement des bilans et comptes de résultats des banques et une batterie de variables explicatives représentant ces facteurs est proposée dans la littérature. Alors que les facteurs externes dépendent principalement des environnements financiers, macroéconomiques et institutionnels et on trouve de nombreuses variables dans la littérature reflétant ces facteurs.

Les études théoriques et empiriques divergent quant à l'impact de plusieurs facteurs internes et externes sur l'efficience des banques. Ces contradictions sont principalement dues à la divergence des environnements financiers, économiques, réglementaires et juridiques des secteurs bancaires mais aussi à la qualité des données et au choix de la période d'étude.

Parmi les études pléthoriques consacrées à la mesure de l'efficience bancaire et à l'identification de ses déterminants, rares sont celles qui ont été destinées au secteur bancaire de la région MENA.

Notre recherche s'inscrit dans le contexte de la littérature et a pour principal objectif d'identifier empiriquement les déterminants pouvant avoir un effet significatif sur l'efficience des banques MENA.

Ci-dessous, nous résumons quelques études empiriques portant sur l'efficience bancaire et ses facteurs déterminants dans divers pays.

Iveta Řepková (2015) a étudié les facteurs déterminants de l'efficience du secteur bancaire tchèque sur la période 2001-2012. Dans sa première phase de recherche, l'auteure a utilisé la méthode Data Envelopment Analysis pour évaluer l'efficience du secteur bancaire tchèque. Dans la deuxième phase, elle a analysé les déterminants de l'efficience bancaire en utilisant un modèle économétrique en données de panel pour la même période. Les résultats empiriques ont révélé que le niveau de capitalisation, le risque de liquidité et le degré de risque du portefeuille ont eu un impact positif sur l'efficience, tandis que le ROA (rendement des actifs), le taux d'intérêt et le PIB ont eu un effet négatif sur l'efficience sous l'hypothèse de rendements d'échelle constants. Sous l'hypothèse de rendements d'échelle variables, le risque de liquidité et le degré de risque du portefeuille ont eu un effet positif sur l'efficience, tandis que le PIB a eu un effet négatif. En revanche, d'autres déterminants tels que la taille de la banque, le nombre d'agences bancaires et l'indice de concentration HHI n'ont pas été statistiquement significatifs.

Dharmendra et Bashir (2015) ont évalué l'efficience technique, l'efficience technique pure et l'efficience d'échelle des banques commerciales d'Oman en utilisant l'approche Data Envelopment Analysis (DEA), et ils ont examiné les facteurs déterminants de l'efficience bancaire en appliquant le modèle de régression de panel Tobit. Leurs résultats ont indiqué que la taille de la banque avait un impact négatif mais non significatif sur l'efficience technique, tandis que l'adéquation en capital, la liquidité et le rendement des actifs (return on assets) avaient un impact positif et significatif sur l'efficience technique.

Tossa (2016) a employé la méthode Data Envelopment Analysis (DEA) pour évaluer l'efficience technique (ET), l'efficience technique pure (ETP) et l'efficience d'échelle (EE), tandis que le modèle de régression Tobit à effets aléatoires a été utilisé pour identifier les déterminants des performances de 21 banques du Ghana pour la période allant de 2009 à 2013. Les résultats empiriques de son étude sont présentés dans le tableau ci-dessous :

	TE	ETP	EE
Taille de la banque	+ insignificant	+ insignificant	+
Ratio Prêts sur Dépots	-	+ insignificant	+ insignificant
Charges opérationnelles	-	-	- insignificant
L'indice de concentration HHI	+	+	+
PIB par habitant	- insignificant	-	+ insignificant
Taux d'inflation	-	-	+ insignificant

Batir et al. (2017) ont étudié l'efficience technique, l'efficience allocative et l'efficience des coûts des banques conventionnelles et participatives en Turquie en utilisant la méthode Data Envelopment Analysis (DEA). Ils ont également appliqué le modèle de régression Tobit pour analyser les facteurs qui influent sur l'efficience. Voici un résumé de leurs conclusions empiriques :

- Aucune corrélation significative n'a été observée entre la rentabilité des actifs (ROA) et l'efficience.
- Les dépenses ont un impact négatif significatif sur l'efficience technique.
- Pour les banques conventionnelles, il existe une relation significativement négative entre l'efficience technique et le ratio de fonds propres.
- Pour les banques participatives, aucune relation significative n'a été constatée entre les dépôts et l'efficience, mais une corrélation significativement négative a été relevée entre l'efficience technique et économique et les dépôts, tandis qu'une corrélation positive a été observée entre l'efficience allocative et les dépôts pour les banques conventionnelles.
- Il y a une corrélation significativement positive entre les prêts et l'efficience pour les deux types de banques.
- Le facteur de qualité des prêts, évalué en divisant les prêts improductifs par le total des prêts, est significativement négativement lié à l'efficience des banques conventionnelles.
- La taille de la banque est significativement négativement corrélée avec l'efficience allocative et l'efficience des coûts des banques conventionnelles, ainsi qu'avec l'efficience technique des banques participatives.
- Les variables macroéconomiques telles que le PIB et le taux d'inflation présentent des corrélations négatives avec l'efficience des deux types de banques.

Dans leur étude, Nisar et al. (2018) ont évalué l'efficience technique (ET), l'efficience technique pure (ETP) et l'efficience d'échelle (EE) des banques commerciales des pays d'Asie du Sud sur la période 2000-2014. Leur méthodologie a impliqué une approche DEA en deux étapes, où ils ont initialement calculé les scores d'efficience, puis ont appliqué un modèle de régression Tobit en données de panel pour identifier les facteurs déterminants de l'efficience bancaire. Voici un aperçu des conclusions de leur analyse :

- Le coût de financement a eu un impact négatif et significatif sur l'ET et l'ETP.
- Les dépenses administratives ont affiché une corrélation négative et hautement significative avec les ET, ETP et EE.
- L'octroi de prêts, activité principale et source de profit des banques commerciales, a présenté une relation positive et significative avec les ET, ETP et EE.

- La rentabilité des actifs (ROA), représentant la profitabilité, a également montré une corrélation positive et hautement significative avec l'ET et l'ETP, mais pas avec l'EE.
- La diversification des revenus d'intérêts a démontré une corrélation positive et hautement significative avec les ET, ETP et EE.
- La liquidité a présenté une corrélation positive mais non significative avec l'ET et l'ETP, tandis qu'elle a affiché une corrélation positive et significative avec l'EE.
- La taille de la banque a montré une corrélation positive et significative avec l'ET et l'ETP, mais seulement une corrélation positive mais non significative avec l'EE.
- La concurrence bancaire a présenté une corrélation positive et significative avec l'ET et l'ETP, mais seulement une corrélation positive mais non significative avec l'EE.

Alipour et al. (2018) ont analysé l'efficience technique, l'efficience technique pure et l'efficience d'échelle de 12 succursales de la banque agricole dans la province de Guilan en Iran sur la période 2012-2016 en utilisant l'approche DEA en deux étapes (modèle DEA et modèle de régression Tobit). Leur recherche a révélé une relation non significative et négative entre la taille de la succursale et l'efficience technique, tandis que le rendement des actifs, le ratio d'adéquation des fonds propres et la liquidité ont présenté une relation significative et positive avec l'efficience technique.

Yidersal et Wang (2018) ont examiné l'efficience technique des banques éthiopiennes sur la période 2005-2014 en utilisant la méthode DEA en deux étapes. Après avoir calculé les scores d'efficience technique à l'aide de l'approche DEA orientée input, ils ont effectué une régression de ces scores par rapport aux variables explicatives à l'aide du modèle de régression Tobit. Leurs résultats ont indiqué que la rentabilité des actifs (Return on assets) et la qualité de la gestion ont eu un impact positif significatif sur l'efficience technique, tandis que l'adéquation des fonds propres a eu un impact significatif mais négatif. En revanche, la taille de la banque, la liquidité et le ratio prêts/dépôts n'ont pas montré d'impact significatif sur l'efficience des banques commerciales en Éthiopie.

Ignacio et al. (2019) ont étudié les facteurs influençant les différences d'efficience des banques commerciales dans 17 pays d'Amérique latine. Leur approche consistait d'abord à utiliser la méthode Data Envelopment Analysis (DEA) et une méthode d'analyse d'efficience conditionnelle pour évaluer le niveau d'efficience relative de 409 banques sur la période 2014-2016. La méthode d'efficience conditionnelle prend en compte les variables environnementales (hors contrôle des gestionnaires). Ensuite, ils ont utilisé l'approche économétrique de Simar et Wilson (2007) pour étudier la corrélation entre les scores d'efficience conditionnelle et les variables internes (sous contrôle des gestionnaires). Les résultats ont mis en évidence une hétérogénéité de l'efficience moyenne dans la région. En ce qui concerne les facteurs expliquant ces différences d'efficience, les variables internes telles que la taille de la banque, le ratio des prêts au total des actifs et le ratio des créances douteuses sur les prêts ont montré des relations conformes aux attentes, en accord avec la littérature présentée dans leur article.

Alrafadi (2020) a adopté une approche en deux étapes, combinant la méthode Data Envelopment Analysis (DEA) et le modèle de régression Tobit, pour évaluer l'efficience des coûts (EC), l'efficience allocative (EA) et l'efficience technique (ET) des 17 banques libyennes sur la période 2004-2010. Les résultats empiriques de son étude sont synthétisés dans le tableau ci-dessous :

	EC	EA	Et
Rentabilité	+	+ insignificant	+ insignificant
Adequation du capital	+	+ insignificant	+
Taille de la banque	+ insignificant	-	+
Part de marché des dépôts	+ insignificant	+ insignificant	- insignificant

Randi et al. (2021) ont examiné l'influence de divers facteurs tels que l'âge de la banque, le ratio prêt/actif, la marge nette d'intérêt et la marge hors intérêt sur l'efficience des banques dans cinq pays : l'Indonésie, Singapour, la Thaïlande, la Malaisie et les Philippines. Ils ont utilisé la taille de la banque comme variable de contrôle et ont échantillonné les banques cotées dans chaque pays sur la période 2014-2018. Leur échantillon de recherche comprenait 58 banques, sélectionnées à l'aide d'une méthode d'échantillonnage raisonné. Dans leur méthodologie, ils ont appliqué une approche en deux étapes, utilisant l'analyse d'enveloppement des données (DEA) pour calculer les scores d'efficience des banques et l'analyse de régression multiple pour identifier les déterminants de l'efficience. Leurs résultats ont révélé un effet significativement négatif de la capitalisation et de l'âge de la banque sur l'efficience, tandis que le ratio prêt sur actif, la marge nette d'intérêt et la marge hors intérêt ont eu un effet significativement positif sur l'efficience bancaire.

III. Données et méthodologie

III.1 Données

III.1.1 Variables d'inputs et d'outputs du modèle DEA

Dans ce chapitre, nous optons pour les mêmes variables d'inputs et d'outputs que celles employées dans les chapitres 2 et 3 :

Input 1	Input 2	Input 3
Dettes hormis les capitaux propres	Charges générales d'exploitation	Dotations aux amortissements

Output 1	Output 2
Total actif (hormis les immobilisations)	Produit net bancaire

Nous appliquerons le modèle à l'échantillon des 59 banques conventionnelles de 11 pays de la région MENA décrites dans le chapitre 2.

III.1.2 Spécification des facteurs déterminants de l'efficience bancaire MENA

En accord avec la théorie économique et les études empiriques antérieures, nous avons identifié 12 variables indépendantes qui représentent 8 facteurs internes et 4 facteurs externes susceptibles d'avoir un impact significatif sur l'efficience bancaire dans la région MENA. Les facteurs internes ont été dérivés des états financiers des banques et comprennent le rendement des actifs (Return on Assets : ROA), la taille de la banque (LnSize), l'adéquation des fonds propres (Capital Adequacy : CA), le ratio de liquidité (Liquidity Ratio : LR), le ratio prêts/dépôts (Loans to Deposits Ratio : LDR), le ratio de créances douteuses (Non-Performing Loans Ratio : NPLR), le ratio de dépôts (Deposits Ratio : DR) et les frais d'exploitation (Operating Cost : OC). Quant aux facteurs externes, ils incluent l'indice de concentration de marché mesuré par l'indice Herfindahl-Hirschman (HHI), le PIB par habitant (Gross Domestic Product per Capita : GDPC), le taux d'inflation (Inflation Rate : IR) et le taux de chômage (Unemployment Ratio : UR). La définition de chaque facteur est exposée ci-dessous :

- Rentabilité des actifs (Return On Asset):

$$ROA = 100 \times \frac{Net\ income}{Total\ des\ actifs} \quad (1)$$

- Taille de la banque (Bank size):

$$LnSize = Ln(Total\ des\ actifs) \quad (2)$$

- Adequation du capital (Capital Adequacy):

$$CA = 100 \times \frac{Capitaux\ propres}{Total\ des\ actifs} \quad (3)$$

- Ratio des liquidités (Liquidity Ratio):

$$LR = 100 \times \frac{Total\ des\ prêts}{Total\ des\ actifs} \quad (4)$$

- Ratio des Prêts sur Dépôts (Loan-to-Deposit Ratio):

$$LDR = 100 \times \frac{Total\ des\ prêts}{Total\ des\ dépôts} \quad (5)$$

- Ratio des prêts non performants (Non-Performing Loans Ratio):

$$NPLR = 100 \times \frac{Prêts\ non\ performants}{Total\ des\ prêts} \quad (6)$$

- Ratio des dépôts (Deposits Ratio):

$$DR = 100 \times \frac{Total\ des\ dépôts}{Total\ des\ actifs} \quad (7)$$

- Charges d'exploitation (Operation Cost):

$$OC = 100 \times \frac{Operating\ expenses}{Operating\ income} \quad (8)$$

- Indice de concentration du marché : Herfindahl-Hirschman Index

$$HHI = \sum_{j=1}^{n} MS_i^2 \quad (9)$$

avec:

$$MS_i = Part\ de\ marché\ de\ la\ banque\ i = \frac{Total\ de\ l'actif de\ la\ banque\ \ i}{\sum_{j=1}^{n} Total\ de\ l'actif de\ la\ banque\ j\ d'un\ pays} \quad (10)$$

n: nombre de banques d'un pays

- PIB par habitant (Gross Domestic Product per Capital):

$$GDPC = \frac{GDP}{Population} \quad (11)$$

- Taux d'inflation : (Inflation Rate)

$$IR = 100 \times \frac{CPT_t - CPT_{t-1}}{CPT_{t-1}} \quad (12)$$

CPI est l'indice des prix à la consommation de l'année

- Taux de chômage (Unemployment Rate)

$$UR = 100 \times \frac{Chômeurs}{Population\ en\ age\ de\ travailler} \qquad (13)$$

III.2 Méthodologie

Comme précédemment mentionné, nous avons utilisé une approche en deux étapes basée sur la méthode DEA pour évaluer en premier lieu l'efficience technique des 59 banques conventionnelles issues de 11 pays de la région MENA pour la période allant de 2017 à 2021, et en deuxième lieu pour identifier les déterminants de cette efficience. Dans la première phase, nous avons utilisé l'analyse non paramétrique Data Envelopment Analysis (DEA) orientée vers les outputs pour évaluer l'efficience technique, l'efficience pure et l'efficience d'échelle de toutes les banques. Pour la deuxième étape, nous avons adopté le modèle de régression Tobit en données de panel afin d'identifier les facteurs qui influencent l'efficience bancaire. Les scores d'efficience technique, technique pure et d'échelle obtenus dans la première étape ont été utilisés comme variables dépendantes dans la deuxième phase.

III.2.1 Data Envelopment Analysis (DEA)

Deux modèles existent dans la famille DEA : le modèle CCR, initié par Charnes, Cooper et Rhodes (1978) et le modèle BCC proposé par Banker, Charnes et Cooper (1984). Le modèle CCR est utilisé pour mesurer l'efficience technique de chaque DMU en supposant que les rendements d'échelle sont constants, tandis que le modèle BCC, qui est une extension du modèle CCR, décompose l'efficience technique en deux composantes, l'efficience technique pure et l'efficience d'échelle en considérant les rendements d'échelle variables.

Les scores d'efficience peuvent être mesurés selon deux types d'orientation, l'orientation input où il est possible de produire autant en réduisant les inputs et l'orientation output où il est possible de produire plus avec les mêmes inputs.

Pour mesurer l'efficience technique et ses composantes l'efficience technique pure et l'efficience d'échelle, nous appliquons deux modèles, le programme DEA-CCR à enveloppement et orientation-output et le programme DEA-BCC à enveloppement et orientation-output qui sont présentés ci-dessous.

Programme DEA-CCR à enveloppement and orientation-output : *pour chaque* DMU_m

$$\underset{\eta_m,\Gamma}{Max}\,\eta_m$$

$$s.c\begin{cases} X_m^t \geq X^t.\Gamma \\ \eta_m.Y_m^t \leq Y^t.\Gamma \\ \Gamma \geq 0, \eta_m \in \mathbb{R} \end{cases} \tag{14}$$

avec :

$$\begin{cases} \Gamma = \begin{pmatrix} \gamma_1 \\ \gamma_2 \\ \vdots \\ \gamma_n \\ \vdots \\ \gamma_N \end{pmatrix}; \quad X_m = \begin{pmatrix} x_{1m} \\ x_{2m} \\ \vdots \\ x_{Im} \end{pmatrix}; \quad Y_m = \begin{pmatrix} y_{1m} \\ y_{2m} \\ \vdots \\ y_{Jm} \end{pmatrix} \\ X = (X_1 \quad X_2 \quad \cdots \quad X_N) = (x_{in})_{\substack{1\leq i\leq I \\ 1\leq n\leq N}} \\ Y = (Y_1 \quad Y_2 \quad \cdots \quad Y_N) = \left(y_{jn}\right)_{\substack{1\leq j\leq J \\ 1\leq n\leq N}} \end{cases} \tag{15}$$

Programme DEA-BCC à enveloppement and orientation-output : *pour chaque* DMU_m

$$\max_{\eta_m,\Gamma} \eta_m$$

$$\begin{cases} X_m^t \geq X^t.\Gamma \\ \eta_m.Y_m^t \leq Y^t.\Gamma \\ E.\Gamma = 1 \\ \Gamma \geq 0, \eta_m \in \mathbb{R} \end{cases} \tag{16}$$

avec $$\mathrm{E} = \Bigg(\underbrace{1\ 1\ \cdots 1 \cdots 1}_{N-times}\Bigg)$$

III.2.2 Modèle de régression Tobit en données de panel

Puisque les scores d'efficience obtenus en appliquant le modèle DEA appartiennent à l'intervalle [0,1], il convient d'utiliser le modèle Tobit en données de panel initialement proposé par Tobin (1958) qui prend en considération les variables dépendantes limitées et censurées.

Notons par y_{it} la variable dépendante représentant le score d'efficience technique (ou le score d'efficience technique pure) d'une banque i à l'instant t et par X_{it} le vecteur des variables indépendantes correspondant à la banque i à l'instant t défini par :

$$X_{it} = \begin{pmatrix} x_{it}^1 \\ \vdots \\ x_{it}^K \end{pmatrix} \qquad (17)$$

où x_{it}^1 sont les K variables explicatives pour la banque i avec $1 \leq k \leq K$.

Comme la variable dépendante y_{it} est censurée à gauche et à droite, le modèle de régression approprié utilisé est le modèle de régression Tobit en données de panel. Il existe trois formes du modèle Tobit en données de panel qui peuvent s'appliquer à une variable latente y_{it}^* : le modèle regroupé (pooled model), le modèle à effets fixes et le modèle à effets aléatoires, décrits ci-dessous.

i) Modèle regroupé : Le modèle regroupé spécifie un coefficient constant α pour toutes les banques, ce qui est l'hypothèse habituelle dans l'analyse transversale.

$$y_{it}^* = \alpha + \beta'.X_{it} + \mu_{it} \qquad (18)$$

avec

α est une constante $\qquad \beta = \begin{pmatrix} \beta_1 \\ \vdots \\ \beta_K \end{pmatrix}$ est un vecteur de K coefficients $\qquad$ (19)

μ_{it} sont des variables aléatoires indépendantes et normalement distribuées avec $\mu_{it} \sim \mathcal{N}(0, \sigma_\mu^2)$

C'est le modèle de données de panel le plus restrictif et il est peu utilisé dans la littérature.

ii) Modèle à effets fixes (EF) : le modèle à effets fixes permet de corréler les effets spécifiques à l'individu α_i avec les régresseurs X_{it} et α_i sont inclus comme constantes ; chaque individu a un terme constant différent (terme α_i) et les mêmes paramètres de pentes (paramètres β):

$$y_{it}^* = \alpha_i + \beta'.X_{it} + \mu_{it} \qquad (20)$$

où

α_i sont les coefficients spécifiques à l'individu

$\beta = \begin{pmatrix} \beta_1 \\ \vdots \\ \beta_K \end{pmatrix}$ est un vecteur de K coefficients $\qquad$ (21)

$\mu_{it} \sim \mathcal{N}(0, \sigma_\mu^2)$

iii) Modèle à effets aléatoires (EA) : Le modèle à effets aléatoires suppose que les effets spécifiques à l'individu α_i sont des variables aléatoires et distribuées indépendamment des régresseurs X_{it}, α_i sont inclus dans le terme d'erreur et chaque individu a les mêmes paramètres de pentes (paramètres β) et un terme d'erreur composé $\varepsilon_{it} = \alpha_i + \mu_{it}$:

$$y_{it}^* = \gamma + \beta'.X_{it} + \alpha_i + \mu_{it} \quad (22)$$

où:

γ: une constante

α_i : coefficients aléatoires spécifiques à l'individu

$\varepsilon_{it} = \alpha_i + \mu_{it}$: erreur composée

$$\beta = \begin{pmatrix} \beta_1 \\ \vdots \\ \beta_K \end{pmatrix} \text{ : vecteur des } K \text{ coefficients} \quad (23)$$

$\mu_{it} \sim \mathcal{N}(0, \sigma_\mu^2)$ et $\alpha_i \sim \mathcal{N}(0, \sigma_\alpha^2)$

La variance et le coefficient de corrélation de l'erreur composite sont donnés par

$$Var(\varepsilon_{it}) = \sigma_\alpha^2 + \sigma_\mu^2 \qquad cov(\varepsilon_{it}, \varepsilon_{is}) = \sigma_\alpha^2$$

$$\rho_\varepsilon = cor(\varepsilon_{it}, \varepsilon_{is}) = \frac{\sigma_\alpha^2}{\sigma_\alpha^2 + \sigma_\mu^2} \quad (24)$$

Comme la variable dépendante y_{it} est censurée à gauche par 0 et censurée à droite par 1, elle est liée à la variable latente y_{it}^* par :

$$y_{it} = \begin{cases} 0 & if\ y_{it}^* \leq 0 \\ y_{it}^* & if\ 0 < y_{it}^* \leq 1 \\ 1 & if\ 1 < y_{it}^* \end{cases} \quad (25)$$

Nous exécutons le test de Hausman sur le logiciel Stata pour vérifier s'il existe une différence significative entre les estimateurs à effets fixes et effets aléatoires. Le test de Hausman repose sur deux hypothèses :

$$\begin{aligned} H_0 &: \beta_{RE} = \beta_{FE} \\ H_1 &: \beta_{RE} \neq \beta_{FE} \end{aligned} \quad (26)$$

où β_{RE} et β_{FE} sont les vecteurs des coefficients des modèles à effets aléatoires et à effets fixes respectivement.

La statistique de Hausman est donnée par la formule :

$$H = (\hat{\beta}_{RE} - \hat{\beta}_{FE})'.\left(Var(\hat{\beta}_{RE}) - Var(\hat{\beta}_{FE})\right)^{-1}.(\hat{\beta}_{RE} - \hat{\beta}_{FE}) \quad (27)$$

où $\hat{\beta}_{RE}$ et $\hat{\beta}_{FE}$ sont les vecteurs des estimations des coefficients des modèles à effets aléatoires et à effets fixes respectivement.

La statistique H est distribuée $\chi^2(K)$, où K est le nombre de variables indépendantes. L'hypothèse nulle est rejetée si la statistique de Hausman est supérieure à sa valeur critique.

IV. Résultats et interprétations

IV.1 Résultats de l'application du modèle DEA orienté output : scores d'efficience des banques

Le tableau 1 ci-dessous présente les scores d'efficience technique (TE), les scores d'efficience technique pure (PTE) et les scores d'efficience d'échelle des 59 banques sur la période 2017-2021, obtenus en appliquant le modèle DEA orienté output. Nous avons utilisé à cet effet le logiciel DEAP Version 2.1 (Coelli (1996)).

Tableau 1 : Scores d'efficience technique, d'efficience technique pure et d'efficience d'échelle des 59 banques sur la période 2017-2021

	2017			2018			2019		
	TE	PTE	SE	TE	PTE	SE	TE	PTE	SE
1	0,975	1,000	0,975	0,943	1,000	0,943	0,908	0,994	0,914
2	1,000	1,000	1,000	0,949	0,972	0,976	0,931	1,000	0,931
3	0,830	0,973	0,854	0,814	0,982	0,829	0,782	0,973	0,804
4	0,807	0,830	0,972	0,920	0,923	0,998	0,858	0,883	0,971
5	0,967	0,969	0,998	0,944	0,948	0,995	1,000	1,000	1,000
6	0,886	0,895	0,990	0,895	0,896	0,998	0,923	0,938	0,984
7	0,914	1,000	0,914	0,879	1,000	0,879	0,768	0,996	0,771
8	0,939	0,950	0,989	0,854	0,897	0,951	0,851	0,877	0,971
9	0,892	0,968	0,921	0,842	0,973	0,865	0,860	0,978	0,880
10	0,936	1,000	0,936	0,844	1,000	0,844	0,846	1,000	0,846
11	0,969	1,000	0,969	1,000	1,000	1,000	1,000	1,000	1,000
12	0,904	0,946	0,955	0,827	0,940	0,880	0,780	0,955	0,816
13	1,000	1,000	1,000	1,000	1,000	1,000	0,973	1,000	0,973
14	1,000	1,000	1,000	1,000	1,000	1,000	1,000	1,000	1,000
15	0,767	0,829	0,924	0,775	0,845	0,917	0,738	0,810	0,911
16	0,900	0,910	0,989	0,888	0,908	0,978	0,839	0,895	0,937
17	0,785	0,863	0,910	0,771	0,891	0,866	0,775	0,899	0,862
18	1,000	1,000	1,000	1,000	1,000	1,000	1,000	1,000	1,000
19	1,000	1,000	1,000	1,000	1,000	1,000	1,000	1,000	1,000
20	0,773	0,773	1,000	0,753	0,753	1,000	0,717	0,723	0,992
21	0,934	0,938	0,996	0,898	0,904	0,993	0,850	0,864	0,983
22	0,857	0,878	0,976	0,828	0,828	1,000	0,782	0,782	1,000
23	0,772	0,816	0,947	0,761	0,794	0,959	0,732	0,769	0,953
24	0,767	0,776	0,988	0,758	0,759	0,999	0,728	0,731	0,997
25	0,856	0,940	0,911	0,808	0,960	0,841	0,766	0,938	0,817
26	0,963	1,000	0,963	0,955	0,997	0,958	0,948	0,981	0,966
27	1,000	1,000	1,000	1,000	1,000	1,000	0,870	0,985	0,884

28	0,940	0,958	0,981	0,880	0,952	0,924	0,796	0,939	0,848
29	0,929	0,988	0,940	0,877	0,993	0,883	0,845	0,995	0,850
30	0,770	1,000	0,770	0,751	1,000	0,751	0,710	1,000	0,710
31	0,895	1,000	0,895	0,809	1,000	0,809	0,808	1,000	0,808
32	0,858	1,000	0,858	0,828	1,000	0,828	0,769	1,000	0,769
33	0,799	0,991	0,806	0,741	0,977	0,759	0,710	0,973	0,730
34	0,737	0,785	0,939	0,713	0,791	0,901	0,683	0,771	0,887
35	0,799	0,948	0,842	0,777	1,000	0,777	0,740	0,918	0,806
36	0,743	0,878	0,845	0,758	0,916	0,827	0,721	0,885	0,815
37	0,770	0,905	0,851	0,757	0,936	0,809	0,716	0,890	0,805
38	0,802	0,880	0,912	0,775	0,866	0,895	0,733	0,837	0,876
39	0,729	0,824	0,885	0,705	0,826	0,853	0,675	0,801	0,843
40	0,750	0,826	0,908	0,735	0,823	0,893	0,700	0,799	0,876
41	0,758	0,825	0,919	0,755	0,833	0,906	0,719	0,809	0,889
42	0,809	0,897	0,901	0,805	0,924	0,871	0,757	0,893	0,848
43	1,000	1,000	1,000	1,000	1,000	1,000	0,868	1,000	0,868
44	0,798	0,807	0,989	0,796	0,798	0,998	0,747	0,756	0,988
45	0,670	0,697	0,961	0,679	0,682	0,995	0,645	0,657	0,981
46	1,000	1,000	1,000	0,924	1,000	0,924	1,000	1,000	1,000
47	0,866	0,941	0,920	0,835	0,965	0,864	0,792	0,937	0,845
48	0,843	0,988	0,854	0,824	1,000	0,824	0,794	0,987	0,805
49	0,764	0,832	0,919	0,779	0,857	0,909	0,773	0,861	0,898
50	1,000	1,000	1,000	1,000	1,000	1,000	1,000	1,000	1,000
51	0,970	1,000	0,970	0,977	1,000	0,977	0,961	1,000	0,961
52	0,928	1,000	0,928	0,917	0,988	0,928	0,931	0,982	0,948
53	0,777	0,778	0,998	0,755	0,762	0,991	0,705	0,729	0,967
54	0,834	0,834	1,000	0,866	0,868	0,999	0,758	0,763	0,994
55	0,903	0,908	0,995	0,896	0,898	0,997	0,913	0,924	0,988
56	0,841	0,870	0,966	0,854	0,868	0,983	0,901	0,943	0,955
57	0,765	0,771	0,993	0,760	0,761	1,000	0,721	0,721	1,000
58	0,747	0,768	0,973	0,774	0,788	0,982	0,812	0,819	0,992
59	0,831	0,858	0,969	0,926	0,928	0,998	0,837	0,880	0,952
	0,814	0,827	0,985	0,833	0,839	0,993	0,807	0,826	0,978

	2020			2021		
	TE	PTE	SE	TE	PTE	SE
1	0,934	0,981	0,951	0,935	1,000	0,935
2	0,942	0,988	0,954	1,000	1,000	1,000
3	0,756	0,946	0,799	0,751	0,925	0,812
4	0,899	0,906	0,992	0,922	0,922	1,000
5	0,940	1,000	0,940	0,973	0,981	0,992
6	0,898	0,902	0,995	0,939	0,940	0,999
7	0,880	0,990	0,889	0,831	0,987	0,842
8	0,830	0,873	0,950	0,862	0,864	0,998
9	1,000	1,000	1,000	1,000	1,000	1,000
10	0,861	1,000	0,861	0,848	0,999	0,849
11	1,000	1,000	1,000	1,000	1,000	1,000
12	0,840	0,933	0,900	0,891	0,924	0,964

13	1,000	1,000	1,000	1,000	1,000	1,000
14	1,000	1,000	1,000	1,000	1,000	1,000
15	0,713	0,763	0,935	0,707	0,756	0,935
16	0,952	0,952	1,000	1,000	1,000	1,000
17	0,877	0,905	0,970	0,860	0,903	0,953
18	1,000	1,000	1,000	1,000	1,000	1,000
19	1,000	1,000	1,000	1,000	1,000	1,000
20	0,732	0,734	0,998	0,700	0,719	0,973
21	0,949	0,952	0,997	0,963	0,965	0,998
22	0,797	0,799	0,997	0,710	0,797	0,891
23	0,762	0,776	0,982	0,772	0,774	0,996
24	0,718	0,722	0,995	0,709	0,709	1,000
25	0,763	0,911	0,838	0,781	0,911	0,857
26	0,927	0,958	0,968	0,912	0,978	0,932
27	0,955	0,987	0,968	0,989	1,000	0,989
28	0,864	0,938	0,921	0,814	0,927	0,878
29	0,851	0,977	0,871	0,820	0,976	0,840
30	0,760	1,000	0,760	0,690	1,000	0,690
31	0,829	1,000	0,829	0,815	1,000	0,815
32	0,883	1,000	0,883	1,000	1,000	1,000
33	0,672	0,923	0,728	0,786	1,000	0,786
34	0,667	0,757	0,880	0,657	0,771	0,853
35	0,780	0,895	0,872	0,797	0,915	0,871
36	0,765	0,863	0,886	0,792	0,870	0,910
37	0,787	0,886	0,887	0,816	0,897	0,910
38	0,827	0,866	0,955	0,843	0,858	0,983
39	0,679	0,805	0,844	0,694	0,820	0,846
40	0,680	0,804	0,845	0,691	0,814	0,849
41	0,771	0,816	0,946	0,801	0,820	0,977
42	0,812	0,878	0,925	0,858	0,889	0,965
43	1,000	1,000	1,000	1,000	1,000	1,000
44	0,727	0,733	0,991	0,692	0,710	0,975
45	0,683	0,694	0,985	0,696	0,697	1,000
46	0,952	1,000	0,952	0,930	1,000	0,930
47	0,782	0,932	0,839	0,759	0,913	0,831
48	0,815	0,990	0,823	0,824	0,987	0,834
49	0,806	0,876	0,920	0,862	0,907	0,951
50	1,000	1,000	1,000	1,000	1,000	1,000
51	1,000	1,000	1,000	0,938	1,000	0,938
52	0,948	0,988	0,960	0,941	0,997	0,944
53	0,695	0,741	0,939	0,728	0,746	0,976
54	0,819	0,821	0,998	0,887	0,890	0,996
55	0,958	0,965	0,993	1,000	1,000	1,000
56	0,896	0,896	1,000	0,968	0,969	0,999
57	0,740	0,740	1,000	0,775	0,776	0,998
58	0,836	0,836	0,999	0,858	0,862	0,995
59	0,808	0,856	0,945	0,792	0,793	1,000
	0,822	0,836	0,982	0,858	0,862	0,995

IV.2 Résultats de l'application du modèle de régression Tobit en données de panel : Déterminants de l'efficience

Dans cette sous-section, nous avons exécuté la deuxième étape de la méthode DEA-Tobit en deux étapes en prenant les scores d'efficience technique (TE), les scores d'efficience technique pure (PTE) et les scores d'efficience d'échelle (SE) obtenus dans la première étape comme variables dépendantes.

Le tableau 2 ci-dessous présente les statistiques descriptives des variables dépendantes et indépendantes.

Tableau 2 : Statistiques des variables

Variable	Obs	Mean	Std.Dev.	Min	Max
TE	295	84.81797	10.04541	64.5	100
PTE	295	91.16373	9.126955	65.7	100
SE	295	93.1739	7.198996	69	100
ROA	295	.98773	1.113228	-5.235821	5.420717
Lnsize	295	15.81587	1.548314	11.59473	19.42274
CA	295	12.91896	5.439244	3.601501	38.43194
LR	295	63.32861	15.03393	10.45031	109.1924
LDR	295	86.53977	22.25168	18.53053	150.8388
NPLR	295	.7513727	.7683722	-.8665405	5.442218
DR	295	73.96352	9.285297	38.45762	109.9464
OC	295	42.87099	18.03161	5.964635	144.4704
HHI	295	.0637887	.0249866	.0383361	.1203539
GDPC	295	16616.9	17998.47	2592.707	68621.64
IR	295	2.471051	17.91555	-.25	154.76
UR	295	2.024102	2.686934	.01	12.97

A l'aide du logiciel Stata, nous avons exécuté le modèle Tobit à effets fixes et le modèle Tobit à effets aléatoires sur les trois variables dépendantes TE, PTE et SE. Ensuite, nous avons exécuté le test de Hausman pour choisir entre les deux types de modèles.

IV.2.1 Modèle Tobit en données de panel appliqué à l'efficience technique (ET) comme variable dépendante

- ***Résultats du modèle de régression Tobit en données de panel à effets fixes***

Nous appliquons ici le modèle de régression Tobit en données de panel à effets fixes en exécutant la commande de Stata « metobit TE ROA Lnsize CA LR LDR NPLR DR OC HHI GDPC IR UR, ul(100) ll(0) » où ul(100) et ll(0) sont les bornes supérieure et inférieure de la variable censurée TE. Les résultats sont reportés dans le tableau 3 ci-dessous.

Tableau 3 : Résultats du modèle Tobit en panel à effets fixes appliqué sur la variable dépendante TE

Tobit regression	Number of obs	=	295
	Uncensored	=	250
Limits: lower = 0	Left-censored	=	0
upper = 100	Right-censored	=	45
	Wald chi2(12)	=	594.72
Log likelihood = -842.05317	Prob > chi2	=	0.0000

TE	Coef.	Std. Err.	z	P>|z|
ROA	3.956525	.6351973	6.23	0.000
Lnsize	-1.213033	.3314899	-3.66	0.000
CA	.7806042	.1080849	7.22	0.000
LR	-.6887565	.1505039	-4.58	0.000
LDR	.4309508	.1030027	4.18	0.000
NPLR	2.431204	.6847686	3.55	0.000
DR	.5935079	.1356431	4.38	0.000
OC	-.1867893	.0355428	-5.26	0.000
HHI	-15.00608	20.38273	-0.74	0.462
GDPC	.0001868	.0000291	6.41	0.000
IR	.0242984	.0233275	1.04	0.298
UR	.1493602	.1603907	0.93	0.352
_cons	56.8817	11.65752	4.88	0.000
var(e.TE)	36.3339	3.34209		

Les résultats de ce modèle ont été stockés dans le fichier "FixedTE" en exécutant la commande de Stata "estimates store FixedTE".

- ***Résultats du modèle de régression Tobit en données de panel à effets aléatoires***

Nous appliquons maintenant le modèle de régression Tobit en données de panel à effets aléatoires en exécutant la commande de Stata "xttobit TE ROA Lnsize CA LR LDR NPLR DR OC HHI GDPC IR UR, ll(0) ul(100)" où ul(100) et ll(0) sont les bornes supérieure et inférieure de la variable censurée TE. Les résultats sont reportés dans le tableau 4 ci-dessous.

Tableau 4 : Résultats du modèle Tobit en données de panel à effets aléatoires appliqué à la variable dépendante TE

Random-effects tobit regression	Number of obs = 295
	Uncensored = 250
Limits: lower = 0	Left-censored = 0
upper = 100	Right-censored = 45
Group variable: Panel_Id	Number of groups = 59
Random effects u_i ~ Gaussian	Obs per group:
	min = 5
Integration method: mvaghermite	avg = 5.0
Log likelihood = -795.63401	max = 5
	Integration pts. = 12
	Wald chi2(12) = 148.32
	Prob > chi2 = 0.0000

TE	Coef.	Std. Err.	z	P>|z|
ROA	2.544492	.6976365	3.65	0.000
Lnsize	-.2682736	.6031569	-0.44	0.656
CA	.9406658	.1341434	7.01	0.000
LR	-.2248942	.1876687	-1.20	0.231
LDR	.1533095	.1316033	1.16	0.244
NPLR	2.319787	.8080183	2.87	0.004
DR	.3158531	.1727753	1.83	0.068
OC	-.1025105	.0364465	-2.81	0.005
HHI	-14.85234	34.12594	-0.44	0.663
GDPC	.0001347	.0000519	2.60	0.009
IR	.0311311	.0176528	1.76	0.078
UR	.3448789	.1393743	2.47	0.013
_cons	53.39242	16.79555	3.18	0.001
/sigma_u	5.392333	.6903028	7.81	0.000
/sigma_e	4.059998	.2134844	19.02	0.000
rho	.6382072	.067155		

LR test of sigma_u=0: chibar2(01) = 92.84 Prob >= chibar2 = 0.000

Les résultats de ce modèle ont été stockés dans le fichier "RandomTE" en exécutant la commande de Stata "estimates store RandomTE".

Pour sélectionner le modèle adéquat nous appliquons le test de Hausman en exécutant la commande de Stata « hausman RandomTE FixedTE ». Le résultat du test de Hausman est affiché dans le tableau 5 ci-dessous.

Tableau 5 : Résultats du test de Hausman pour variable TE

	Coefficients			
	(b)	(B)	(b-B)	sqrt(diag(V_bV_B))
	RandomTE	FixedTE	Difference	S.E.
ROA	2.544492	3.956525	-1.412033	.2884806
Lnsize	-.2682736	1.213033	.944759	.5038976
CA	.9406658	.7806042	.1600617	.0794489
LR	-.2248942	.6887565	.4638624	.1121075
LDR	.1533095	.4309508	-.2776414	.0819139
NPLR	2.319787	2.431204	-.1114171	.4289353
DR	.3158531	.5935079	-.2776548	.1070152
OC	-.1025105	.1867893	.0842788	.0080661
HHI	-14.85234	15.00608	.1537338	27.37013
GDPC	.0001347	.0001868	-.0000521	.0000429
IR	.0311311	.0242984	.0068326	.
UR	.3448789	.1493602	.1955187	.

B = consistent under Ho and Ha; obtained from xttobit
B = inconsistent under Ha, efficient under Ho; obtained from metobit
Test: Ho: difference in coefficients not systematic
chi2(11) = (b-B)'[(V_b-V_B)^(-1)](b-B) = 153.46
Prob>chi2 = 0.0000

Comme la p-value de la statistique χ^2 du test de Hausman est inférieure au niveau de confiance 5%, nous choisissons le modèle Tobit à effets aléatoires. Nous interprétons ci-dessous les résultats empiriques du modèle à effets aléatoires résumés dans le tableau 6 ci-dessous.

Tableau 6 : Résultats empiriques du modèle à effets aléatoires appliqué à la variable dépendante TE

	Wald chi2(12) =148.32
Log likelihood = -795.63401	Prob > chi2 = 0.0000

TE	Coef.	Std. Err.	z	P>|z|
ROA	2.544492	.6976365	3.65	0.000
Lnsize	-.2682736	.6031569	-0.44	0.656
CA	.9406658	.1341434	7.01	0.000
LR	-.2248942	.1876687	-1.20	0.231

LDR	.1533095	.1316033	1.16	0.244
NPLR	2.319787	.8080183	2.87	0.004
DR	.3158531	.1727753	1.83	0.068
OC	-.1025105	.0364465	-2.81	0.005
HHI	-14.85234	34.12594	-0.44	0.663
GDPC	.0001347	.0000519	2.60	0.009
IR	.0311311	.0176528	1.76	0.078
UR	.3448789	.1393743	2.47	0.013
_cons	53.39242	16.79555	3.18	0.001
rho	.6382072	.067155		

Comme la p-value de la statistique Chi2 est égale à 0 et inférieure à 0,01 (niveau de confiance), on en déduit que le modèle est correctement spécifié.

Comme le coefficient de corrélation d'erreur interclasse rho est égal à 63,82%, on peut dire que l'erreur spécifique-individuelle domine le terme d'erreur composite.

Nous commençons notre interprétation par le facteur rentabilité des actifs. Comme le montre le tableau 6, le facteur de rentabilité des actifs (ROA) a une relation positive et hautement significative avec l'efficience technique au niveau de signification de 1 %. Cela suggère que la rentabilité des actifs améliore l'efficience technique car les banques plus rentables attirent plus de fonds et des clients plus solvables. Ce résultat rejoint les travaux de Pasiouras (2008), Saad et El-Moussawi (2009), Suvita et al. (2013), Khalad et Mazila (2014), Dharmendra et Bashir (2015), Adusei (2016), Batir et al. (2017), Nisar et al. (2018), Yidersal et Wang (2018), Riani et Denia (2021). Cependant, Alrafadi (2020) a constaté que la rentabilité des actifs n'a pas d'impact significatif sur l'efficience technique.

Le deuxième facteur interne, la taille de la banque telle que mesurée par le logarithme népérien de l'actif total (LnSize), présente un impact non significatif sur l'efficience technique des banques. Ceci est conforme aux conclusions de Dharmendra et Bashir (2015), Yidersal et Wang (2018). Mais cela contredit les conclusions de Pasiouras et al. (2007), Saad et El-Moussawi (2009), Nisar et al. (2018), Alrafadi (2020) qui ont trouvé un effet positif et significatif de la taille de la banque sur l'efficience technique et les conclusions d'Isik et Hassan (2002), Catalbas et Atan (2005) qui ont trouvé un effet négatif et significatif de la taille de la banque sur l'efficience technique.

Le tableau 6 montre également que l'adéquation des capitaux (CA), mesurée par le pourcentage de capitaux propres sur l'actif total, a un effet significatif et positif sur l'efficience technique au seuil de signification de 10 %. Ce résultat est en accord avec les conclusions de Naceur et al. (2009), Sufian et Noor (2009), Yidersal et Wang (2018), Alrafadi (2020). Ce résultat contraste avec les conclusions d'Isik et Hassan (2003), Catalbas et Atan (2005), Moh'd et al. (2011), Khalad et Mazila (2014), Adusei (2016) qui ont constaté que l'adéquation des capitaux a un effet significatif et négatif sur l'efficience technique. Il s'oppose également aux résultats de Riani et Denia (2021) qui ont trouvé un impact non significatif de l'adéquation des capitaux sur l'efficience.

Notre résultat a également révélé que le ratio de liquidité (LR), tel que mesuré par le pourcentage du total des prêts sur le total des actifs, a un effet non significatif sur l'efficience technique, ce qui est cohérent avec la conclusion de Suvita et al. (2013), Yidersal et Wang (2018), Nisar et al. (2018), Ntchabet et Menyeng (2020). Cependant, cela contredit les résultats de Isik et Hassan (2003), Sufian et Noor (2009), Dharmendra et Bashir (2015), Tarek et al. (2015), Tesfaye (2016) qui ont trouvé un effet significatif et positif du ratio de liquidité sur l'efficience technique et avec le résultat de Ntchabet et Menyeng (2020) qui ont trouvé un impact négatif de la liquidité sur l'efficience technique.

En ce qui concerne le ratio prêts/dépôts (LDR), mesuré par le pourcentage du total des prêts sur le total des dépôts, il présente un effet non significatif sur l'efficience technique. Ce résultat est conforme à ceux de Yidersal et Wang (2018), Rosyiqoh (2015), Havidz et Setiawan (2015), Naufal et Firdaus (2018), Riani et Denia (2021). Mais cela contredit les études empiriques de Garza-García (2012), Sufian et Noor (2009), Pambuko (2016) qui ont montré une relation positive significative entre le LDR et l'efficience bancaire. Le résultat s'oppose également à la conclusion de Batir et al. (2017) qui a montré une relation négative significative entre le LDR et l'efficience bancaire.

Le ratio des prêts non performants (NPLR), mesuré par le pourcentage de prêts non performants sur le total des prêts, a un effet positif et significatif sur l'efficience technique au niveau de signification de 1 %. Ce résultat contredit plusieurs études empiriques qui ont révélé un effet négatif significatif du NPLR sur l'efficience bancaire comme le montrent les travaux de Isik et Hassan (2003), Sufian et Noor (2009), Ismail et al. (2013), Tan et Floros (2013), Abd

Karim et al. (2010), Garza-García (2012), Riani et Denia (2021). Il semble que les banques de la région MENA aient réussi à maintenir un niveau optimal de leur NPLR et à gérer le risque de crédit d'une part en allouant suffisamment de capital sous forme de provisions et dépréciations pour couvrir les pertes de crédit potentielles et d'autre part en consacrant plus de temps afin de minimiser les frais administratifs supplémentaires.

En ce qui concerne le ratio de dépôts (DR), mesuré par le pourcentage du total des dépôts sur le total des actifs, il a un effet positif et significatif sur l'efficience technique au niveau de signification de 10 %.. Cela contredit les conclusions de Ntchabet et Menyeng (2020) qui ont trouvé un effet non significatif du DR sur l'efficience bancaire.

Les charges d'exploitation (CO), qui est mesuré par le rapport entre le pourcentage des dépenses d'exploitation et le résultat d'exploitation, a un effet négatif et significatif sur l'efficience technique au niveau de signification de 1 %. Ce résultat appuie la conclusion empirique de Tossa (2016).

Quant au premier facteur externe, l'indice de concentration du marché tel que mesuré par l'indice de Herfindahl-Hirschman (HHI), il présente un effet non significatif sur l'efficience technique. Il s'inscrit dans la lignée des travaux empiriques de Garza-Garcia (2012). Cela contredit les conclusions de Tossa (2016), Ntchabet et Menyeng (2020) qui ont trouvé un effet positif du HHI sur l'efficience bancaire.

Les trois derniers facteurs externes sont des variables macroéconomiques, le PIB par habitant (PIBD), le taux d'inflation (IR) et le taux de chômage (UR) ; ils présentent tous un effet significatif et positif sur l'efficience technique, aux seuils de signification de 1%, 10% et 5% respectivement. Comme nous l'avons vu dans la revue de la littérature empirique, ces trois facteurs ont des effets mitigés sur l'efficience bancaire.

IV.2.2 Modèle Tobit en données de panel appliqué à l'efficience technique pure comme variable dépendante

- ***Résultats du modèle de régression Tobit en données panel à effets fixes***

Nous appliquons ici le modèle de régression Tobit en données de panel à effets fixes sur la variable dépendante PTE en exécutant la commande du logiciel Stata « metobit PTE ROA Lnsize CA LR LDR NPLR DR OC HHI GDPC IR UR, ul(100) ll(0) » où ul(100) et ll(0) sont les bornes supérieure et inférieure de la variable censurée représentant le score d'efficience technique pure PTE. Les résultats sont reportés dans le tableau 7 ci-dessous.

Tableau 7 : Résultats du modèle Tobit en données de panel à effets fixes appliqué sur la variable dépendante PTE

Tobit regression	Number of obs	=	295
Limits: lower = 0	Uncensored	=	209
upper = 100	Left-censored	=	0
	Right-censored	=	86
	Wald chi2(12)	=	637.85
Log likelihood = -704.94037	Prob > chi2	=	0.0000

PTE	Coef.	Std. Err.	z	P>|z|
ROA	2.671506	.6351278	4.21	0.000
Lnsize	1.886191	.3295951	5.72	0.000
CA	.9125692	.1089797	8.37	0.000
LR	-.7045887	.1476598	-4.77	0.000
LDR	.4690599	.099965	4.69	0.000
NPLR	.9357256	.6718224	1.39	0.164
DR	.584652	.131931	4.43	0.000
OC	-.0786943	.037088	-2.12	0.034
HHI	99.28143	20.11628	4.94	0.000
GDPC	.0001126	.0000302	3.73	0.000
IR	1.02795	.506121	2.03	0.042
UR	.3602111	.1716505	2.10	0.036
_cons	2.609061	11.17989	0.23	0.815
var(e.PTE)	30.67977	3.093076		

Les résultats de ce modèle ont été stockés dans le fichier "FixedPTE" en exécutant la commande de Stata "estimates store FixedPTE".

- ***Résultats du modèle de régression Tobit en données de panel à effets aléatoires***

Nous appliquons maintenant le modèle de régression Tobit en données de panel à effets aléatoires en exécutant sur la variable dépendante PTE la commande du logiciel Stata « xttobit PTE ROA Lnsize CA LR LDR NPLR DR OC HHI GDPC IR UR, ll(0) ul(100) », où ul(100) et ll(0) sont les bornes supérieure et inférieure de la variable censurée représentant le score d'efficience technique pure PTE. Les résultats sont reportés dans le tableau 8 ci-dessous.

Tableau 8 : Résultats du modèle Tobit à effets aléatoires appliqué sur la variable dépendante PTE

Random-effects tobit regression	Number of obs = 295
Limits: lower = 0	Uncensored = 209
upper = 100	Left-censored = 0
	Right-censored = 86
Group variable: Panel_Id	Number of groups = 59
Random effects u_i ~ Gaussian	Obs per group:
	min = 5
Integration method: mvaghermite	avg = 5.0
Log likelihood = -592.63753	max = 5
	Integration pts. = 12
	Wald chi2(12) = 177.78
	Prob > chi2 = 0.0000

PTE	Coef.	Std. Err.	z	P>|z|
ROA	1.80077	.5125784	3.51	0.000
Lnsize	1.893897	.6027094	3.14	0.002
CA	.8326734	.1100339	7.57	0.000
LR	-.2825002	.1495284	-1.89	0.059
LDR	.2021757	.1096238	1.84	0.065
NPLR	1.016058	.6155	1.65	0.099
DR	.3106455	.1437691	2.16	0.031
OC	-.0135521	.0279612	-0.48	0.628
HHI	150.9471	35.81225	4.21	0.000
GDPC	.000068	.0000513	1.33	0.185
IR	.0680406	.1768627	0.38	0.700
UR	.1932502	.1059287	1.82	0.068
_cons	16.38538	15.81562	1.04	0.300
/sigma_u	5.874061	.6917298	8.49	0.000
/sigma_e	2.430599	.1357998	17.90	0.000
rho	.8538119	.032894		

LR test of sigma_u=0: chibar2(01) = 224.61 Prob >= chibar2 = 0.000

Les résultats de ce modèle ont été stockés dans le fichier "RandomPTE" en exécutant la commande de Stata "estimates store RandomPTE".

Pour sélectionner le modèle adéquat nous avons exécuté le test de Hausman en exécutant la commande "hausman FixedPTE

RandomPTE". Les résultats du test de Hausman sont présentés dans le tableau 9 ci-dessous.

Tableau 9 : Résultats du test de Hausman pour variable PTE

	Coefficients			
	(b)	(B)	(b-B)	sqrt(diag(V_b-V_B))
	FixedPTE	RandomPTE	Difference	S.E.
ROA	2.671506	1.80077	.8707359	.3750344
Lnsize	1.886191	1.893897	-77058	
CA	.9125692	.8326734	798958	
LR	-.7045887	-.2825002	-4220885	
LDR	.4690599	.2021757	2668842	
NPLR	.9357256	1.016058	-803325	.2692676
DR	.584652	.3106455	2740065	
OC	-.0786943	-.0135521	-651421	.0243657
HHI	99.28143	150.9471	-5166569	
GDPC	.0001126	.000068	446	
IR	1.02795	.0680406	.9599093	.4742131
UR	.3602111	.1932502	.1669609	.1350666

b = consistent under Ho and Ha; obtained from metobit

B = inconsistent under Ha, efficient under Ho; obtained from xttobit

Test: Ho: difference in coefficients not systematic

chi2(11) = (b-B)'[(V_b-V_B)^(-1)](b-B) = 58.26

Prob>chi2 = 0.0000

(V_b-V_B is not positive definite)

Comme la p-value de la statistique χ^2 du test de Hausman est inférieure au niveau de confiance 5%, nous choisissons le modèle Tobit à effets fixes. Nous interpréterons ci-dessous les résultats empiriques du modèle à effets fixes résumés dans le tableau 10 ci-dessous.

Tableau 10 : Résultats empiriques du modèle à effets fixes appliqué à la variable dépendante PTE

	Wald chi2(12)	=	637.85
Log likelihood = -704.94037	Prob > chi2	=	0.0000

PTE	Coef.	Std. Err.	z	P>|z|
ROA	2.671506	.6351278	4.21	0.000
Lnsize	1.886191	.3295951	5.72	0.000
CA	.9125692	.1089797	8.37	0.000

LR	-.7045887	.1476598	-4.77	0.000
LDR	.4690599	.099965	4.69	0.000
NPLR	.9357256	.6718224	1.39	0.164
DR	.584652	.131931	4.43	0.000
OC	-.0786943	.037088	-2.12	0.034
HHI	99.28143	20.11628	4.94	0.000
GDPC	.0001126	.0000302	3.73	0.000
IR	1.02795	.506121	2.03	0.042
UR	.3602111	.1716505	2.10	0.036
_cons	2.609061	11.17989	0.23	0.815

Comme la p-value de la statistique Chi2 est égale à 0 et inférieure à 0,01 (niveau de confiance), on en déduit que le modèle est correctement spécifié.

Comme le montre le tableau 10, tous les facteurs internes et externes présentent des effets significatifs sur l'efficience technique pure PTE sauf le ratio des prêts non performants qui révèle un impact non significatif.

Le tableau 10 montre que la rentabilité des actifs représentée (ROA), a une relation positive et hautement significative avec l'efficience technique pure au seuil de signification de 1%.

La taille de la banque, telle que mesurée par le logarithme népérien du total des actifs (LnSize), présente un impact significatif et positif sur l'efficience technique pure des banques au niveau de signification de 1 %.

Concernant l'adéquation des fonds propres (CA), telle que mesurée par le pourcentage des capitaux propres sur l'actif total, elle a un effet significatif et positif sur l'efficience technique pure au seuil de signification de 1 %.

Le ratio de liquidité (LR), mesuré par le pourcentage du total des prêts au total des actifs, a un effet significatif et négatif sur l'efficience technique pure au niveau de signification de 1 %. Un excès de liquidité qui n'est pas exploité de manière optimale peut avoir un impact négatif sur la rentabilité et l'efficience des banques.

Le tableau 10 montre également que le ratio prêts/dépôts (LDR), mesuré par le pourcentage du total des prêts sur le total des dépôts, a un effet significatif et positif sur l'efficience technique pure.

Quant au ratio de prêts non performants (NPLR), qui est mesuré par le pourcentage des prêts non performants sur le total des prêts, il a un effet non significatif sur l'efficience technique pure.

Notre résultat montre également que le ratio des dépôts (DR), mesuré par le pourcentage du total des dépôts au total des actifs, a un effet positif et significatif sur l'efficience technique pure au niveau de signification de 1 %.

Concernant les charges d'exploitation (OC), mesuré par le pourcentage des charges d'exploitation sur le résultat d'exploitation, il a un effet négatif et significatif sur l'efficience technique pure au seuil de signification de 5 %.

Comme le montre le tableau 10, le premier facteur externe, l'indice de concentration du marché, tel que mesuré par l'indice de Herfindahl-Hirschman (HHI), présente un effet significatif et positif sur l'efficience technique au niveau de signification de 1 %.

Les trois derniers facteurs externes sont des variables macroéconomiques, le PIB par habitant (PIBD), le taux d'inflation (IR) et le taux de chômage (UR) ; ils présentent tous un effet significatif et positif sur l'efficience technique pure, respectivement à 1%, 5% et 5% de significativité.

IV.2.3 Modèle Tobit en données de panel appliqué à l'efficience d'échelle comme variable dépendante

- ***Résultats du modèle de régression Tobit en données panel à effets fixes***

Nous appliquons ici le modèle de régression Tobit en données de panel à effets fixes sur la variable dépendante SE en exécutant la commande du logiciel Stata « metobit SE ROA Lnsize CA LR LDR NPLR DR OC HHI GDPC IR UR, ul(100) ll(0) » où ul(100) et ll(0) sont les bornes supérieure et inférieure de la variable censurée représentant le score d'efficience technique pure PTE. Les résultats sont reportés dans le tableau 11 ci-dessous.

Tableau 11 : Résultats du modèle Tobit en données de panel à effets fixes appliqué sur la variable dépendante SE

Tobit regression	Number of obs	=295
Limits: lower = 0	Uncensored	=236
upper = 100	Left-censored	=0
	Right-censored	=59
	Wald chi2(12)	=273.74
Log likelihood = -795.86031	Prob > chi2	=0.0000

SE	Coef.	Std. Err.	z	P>|z|
ROA	2.352209	.6167725	3.81	0.000
Lnsize	-3.305353	.3233971	-10.22	0.000
CA	.080756	.1013466	0.80	0.426
LR	-.1803127	.1456499	-1.24	0.216
LDR	.0729849	.09972	0.73	0.464
NPLR	1.502468	.6719719	2.24	0.025
DR	.1343636	.131072	1.03	0.305
OC	-.1107515	.0346166	-3.20	0.001
HHI	-124.8433	19.56001	-6.38	0.000
GDPC	.0001475	.0000282	5.23	0.000
IR	-.0171183	.0224385	-0.76	0.446
UR	-.1293211	.1546203	-0.84	0.403
_cons	147.6105	11.20399	13.17	0.000
var(e.SE)|	33.70278	3.191214		

Les résultats de ce modèle ont été stockés dans le fichier "FixedSE" en exécutant la commande de Stata "estimates store FixedSE".

- ***Résultats du modèle de régression Tobit en données de panel à effets aléatoires***

Nous appliquons maintenant le modèle de régression Tobit en données de panel à effets aléatoires en exécutant sur la variable dépendante SE la commande du logiciel Stata « xttobit SE ROA Lnsize CA LR LDR NPLR DR OC HHI GDPC IR UR, ll(0) ul(100) », où ul(100) et ll(0) sont les bornes supérieure et inférieure de la variable censurée représentant le score d'efficience technique pure PTE. Les résultats sont reportés dans le tableau 12 ci-dessous.

Tableau 12 : Résultats du modèle Tobit à effets aléatoires appliqué sur la variable dépendante SE

Random-effects tobit regression	Number of obs = 295
	Uncensored = 236
Limits: lower = 0	Left-censored = 0
upper = 100	Right-censored = 59
Group variable: Panel_Id	Number of groups = 59
Random effects u_i ~ Gaussian	Obs per group:
	min = 5

Integration method: mvaghermite	Avg = 5.0
Log likelihood = -741.67754	max = 5
	Integration pts. = 12
	Wald chi2(12) = 72.13
	Prob > chi2 = 0.0000

SE	Coef.	Std. Err.	z	P>|z|
ROA	.9313342	.6225408	1.50	0.135
Lnsize	-2.275119	.5560758	-4.09	0.000
CA	.2777454	.1196036	2.32	0.020
LR	.0342311	.1644353	0.21	0.835
LDR	-.0238978	.1159577	-0.21	0.837
NPLR	1.27381	.7314173	1.74	0.082
DR	.0386181	.1535137	0.25	0.801
OC	-.0823344	.0325968	-2.53	0.012
HHI	-139.88	31.18534	-4.49	0.000
GDPC	.0000897	.0000476	1.88	0.060
IR	.0231005	.016081	1.44	0.151
UR	.2408403	.1283653	1.88	0.061
_cons	131.9757	15.27048	8.64	0.000
/sigma_u	4.971001	.5908255	8.41	0.000
/sigma_e	3.676659	.198168	18.55	0.000
rho	.6463958	.0616322		

LR test of sigma_u=0: chibar2(01) = 108.37 Prob >= chibar2 = 0.00

Les résultats de ce modèle ont été stockés dans le fichier "RandomSE" en exécutant la commande de Stata "estimates store RandomSE".

Pour sélectionner le modèle adéquat nous avons exécuté le test de Hausman en exécutant la commande "hausman FixedSE RandomSE". Les résultats du test de Hausman sont présentés dans le tableau 13 ci-dessous.

Tableau 13 : Résultats du test de Hausman pour variable SE

	Coefficients			
	(b)	(B)	(b-B)	sqrt(diag(V_b-V_B))
FixedSE RandomSE	Difference	S.E.		
ROA	2.352209	.9313342	1.420875	.
Lnsize	-3.305353	-2.275119	-1.030234	.
CA	.080756	.2777454	-.1969894	.
LR	-.1803127	.0342311	-.2145438	.
LDR	.0729849	-.0238978	.0968827	.
NPLR	1.502468	1.27381	.2286584	.
DR	.1343636	.0386181	.0957455	.
OC	-.1107515	-.0823344	-.0284171	.0116515
HHI	-124.8433	-139.88	15.03676	.
GDPC	.0001475	.0000897	.0000578	.
IR	-.0171183	.0231005	-.0402188	.0156489
UR	-.1293211	.2408403	-.3701614	.0861962

b = consistent under Ho and Ha; obtained from metobit
B = inconsistent under Ha, efficient under Ho; obtained from xttobit
Test: Ho: difference in coefficients not systematic
chi2(11) = (b-B)'[(V_b-V_B)^(-1)](b-B) = 226.85
Prob>chi2 = 0.0000 (V_b-V_B is not positive definite)

Comme la p-value de la statistique χ^2 du test de Hausman est inférieure au niveau de confiance 5%, nous choisissons le modèle Tobit à effets fixes. Nous interpréterons ci-dessous les résultats empiriques du modèle à effets fixes résumés dans le tableau 14 ci-dessous.

Tableau 14 : Résultats empiriques du modèle à effets fixes appliqué à la variable dépendante SE

	Wald chi2(12) =273.74
Log likelihood = -795.86031	Prob > chi2 =0.0000

SE	Coef.	Std. Err.	z	P>|z|
ROA	2.352209	.6167725	3.81	0.000
Lnsize	-3.305353	.3233971	-10.22	0.000
CA	.080756	.1013466	0.80	0.426

LR	-.1803127	.1456499	-1.24	0.216
LDR	.0729849	.09972	0.73	0.464
NPLR	1.502468	.6719719	2.24	0.025
DR	.1343636	.131072	1.03	0.305
OC	-.1107515	.0346166	-3.20	0.001
HHI	-124.8433	19.56001	-6.38	0.000
GDPC	.0001475	.0000282	5.23	0.000
IR	-.0171183	.0224385	-0.76	0.446
UR	-.1293211	.1546203	-0.84	0.403
_cons	147.6105	11.20399	13.17	0.000
var(e.SE)|	33.70278	3.191214		

Comme la p-value de la statistique Chi2 est égale à 0 et inférieure à 0,01 (niveau de confiance), on en déduit que le modèle est correctement spécifié.

Le tableau 14 montre que la rentabilité des actifs représentée (ROA), le ratio de prêts non performants (NPLR), mesuré par le pourcentage des prêts non performants sur le total des prêts et le PIB par habitant (GDPC) ont une relation positive et hautement significative avec l'efficience d'échelle au seuil de signification de 1%.

La taille de la banque, telle que mesurée par le logarithme népérien du total des actifs (LnSize), les charges d'exploitation (OC), mesurés par le pourcentage des charges d'exploitation sur le résultat d'exploitation et l'indice de concentration du marché, mesuré par l'indice de Herfindahl-Hirschman (HHI), présentent un impact significatif et négatif sur l'efficience d'échelle des banques au niveau de signification de 1 %.

L'adéquation des fonds propres (CA), mesurée par le pourcentage des capitaux propres sur l'actif total, le ratio de liquidité (LR), mesuré par le pourcentage du total des prêts au total des actifs, le ratio prêts/dépôts (LDR), mesuré par le pourcentage du total des prêts sur le total des dépôts, le ratio des dépôts (DR), mesuré par le pourcentage du total des dépôts au total des actifs, le taux d'inflation (IR) et le taux de chômage (UR) ont un effet non significatif sur l'efficience d'échelle.

V. Conclusion

Peu d'études se sont penchées sur l'efficience bancaire et ses déterminants dans le secteur bancaire de la région MENA, malgré la pléthore de recherches sur ce sujet. A notre connaissance, cette étude est la première à se concentrer spécifiquement sur l'évaluation de l'efficience et l'identification de ses déterminants dans le secteur bancaire de la région MENA. En comblant cette lacune, notre étude fournit de nouveaux résultats empiriques sur l'efficience bancaire dans la région MENA.

Dans ce chapitre, notre démarche était double. Tout d'abord, nous avons cherché à estimer les scores d'efficience de 59 banques conventionnelles opérant dans la région MENA sur la période 2017-2021. Ensuite, nous avons entrepris d'identifier les facteurs qui influent sur l'efficience bancaire. Pour ce faire, nous avons d'abord utilisé la méthode Data Envelopment Analysis (DEA) orientée vers l'output afin d'évaluer les scores d'efficience technique et d'efficience technique pure. Ensuite, dans une seconde étape, nous avons appliqué le modèle Tobit en données de panel pour découvrir les déterminants de l'efficience bancaire.

Pour le modèle DEA, nous avons spécifié trois inputs à savoir les Dettes hormis les capitaux propres, les Charges générales d'exploitation sans les rotations aux amortissements et aux dépréciations des immobilisations incorporelles et corporelles et les Dotations aux amortissements et aux dépréciations des immobilisations incorporelles et corporelles et deux outputs à savoir le Total actif hormis les immobilisations et le Produit net bancaire

Pour le modèle Tobit en données de panel, nous avons spécifié huit facteurs internes qui sont la rentabilité des actifs (Return on assets : ROA), la taille de la banque (LnSize), l'adéquation du capital (capital adequacy : CA), le ratio de liquidité (Liquidity ratio : LR), le ratio prêt/dépôt (Loans to deposits ratio : LDR), le ratio des prêts non performants (Non performing loans ratio : NPLR), le ratio de dépôts (Deposits ratio : DR), les charges d'exploitation (Operating cost : OC) ; et quatre facteurs externes qui sont l'indice de concentration du marché mesuré par l'indice Herfindahl-Hirschman (HHI), le PIB par habitant (GDP per capital : GDPC), le taux d'inflation (Inflation rate : IR) et le taux de chômage (Unemployement ratio : UR).

Dans une première étape, nous avons appliqué les modèles DEA orientés output pour estimer les scores d'efficience technique et les scores d'efficience technique pure des 59 banques sur la période 2017-2021, en utilisant le logiciel DEAP Version 2.1 (Coelli (1996)).

Dans la deuxième étape, nous avons utilisé les scores d'efficience technique et les scores d'efficience technique pure obtenus dans la première étape comme variables dépendantes pour les régresser sur les

12 variables déterminantes explicatives à l'aide du modèle de régression Tobit en données de panel.

L'exécution du test de Hausman sur la variable dépendante, représentant l'efficience technique, a conduit au choix du modèle Tobit à effets aléatoires. Les résultats de ce modèle montrent que la rentabilité des actifs, l'adéquation des capitaux, le ratio des prêts non performants, le ratio des dépôts, le PIB par capital, le taux d'inflation et le taux de chômage ont un impact positif et significatif ; le facteur des charges d'exploitation a un impact négatif et significatif et la taille de la banque, le ratio de liquidité, le ratio prêt/dépôt et l'indice de concentration du marché ont un impact non significatif sur l'efficience technique.

Concernant le facteur d'efficience technique pure, le test d'Hausman a conduit au choix du modèle Tobit en données de panel à effets fixes. Le résultat de ce modèle révèle que la rentabilité des actifs, la taille de la banque, l'adéquation des capitaux, le ratio prêts/dépôts, le ratio des dépôts, le PIB par capital, le taux d'inflation et le taux de chômage ont un effet positif et significatif sur l'efficience technique pure ; le ratio de liquidité et le facteur des charges d'exploitation ont un impact négatif et significatif sur l'efficience technique pure et le ratio de prêts non performants a un impact non significatif sur l'efficience technique pure .

Cette étude pourrait être étendue en incluant davantage de facteurs tels que les variables fiscales, les indicateurs réglementaires, les facteurs de qualité managériale, les taux de change, …etc. Des recherches supplémentaires pourraient également être menées pour étudier l'efficience et ses déterminants pour les banques conventionnelles et participatives dans la région MENA.

Conclusion générale

Dans cet ouvrage nous avons examiné trois grands objectifs généraux concernant la performance bancaire des banques (conventionnelles et islamiques) des pays de la région MENA : la mesure de l'efficience bancaire, la mesure du changement de productivité totale des banques et l'identification des déterminants de l'efficience bancaire.

Concernant la mesure de l'efficience bancaire, nous avons réalisé les objectifs spécifiques suivants :

- Mesurer l'efficience technique, l'efficience technique pure et l'efficience d'échelle des banques (conventionnelles et islamiques) des pays de la région MENA durant la période 2017-2021 en appliquant la méthode Data Envelopment Analysis (DEA).
- Déterminer d'une part les banques conventionnelles et islamiques efficientes (CCR, BCC et d'échelle) des pays de la région MENA et d'autre part les banques best-practices des banques inefficientes dans les cinq années de la période d'étude 2017-2021.

Quant à la mesure du changement de productivité, nous avons réalisé les objectifs spécifiques suivants :

- Mesurer les scores du changement de productivité totale ($TFPCh$) et de ses composantes, le changement d'efficience technique $TEffCh$ et le changement technologique $TechCh$ des banques des pays de la région MENA au cours des quatre périodes 2017-2018, 2018-2019, 2019-2020 et 2020-2021 en appliquent la méthode DEA-Malmquist de productivité totale.
- Décomposer le changement d'efficience technique $TEffCh$ en changement d'efficience technique pure $PTEffCh$ et changement d'efficience d'échelle $SECh$ des banques des pays de la région MENA au cours des quatre périodes 2017-2018, 2018-2019, 2019-2020 et 2020-2021.

Concernant l'identification des déterminants de l'efficience, nous avons réalisé les objectifs spécifiques suivants :

- Choisir les facteurs internes et externes déterminant qui pourraient affecter l'efficience bancaire en se basant sur la littérature et en tenant compte de la contrainte de disponibilité des données.
- Utiliser les scores d'efficience technique, les scores d'efficience technique pure et les scores d'efficience d'échelle des banques des pays de la région MENA obtenus dans la méthode DEA comme variables

dépendantes pour les régresser sur les facteurs déterminants en appliquant la méthode DEA-Tobit dans la période d'étude 2017-2021.

L'échantillon que nous avons sélectionné est composé de 81 banques appartenant à 12 pays de la région MENA à savoir l'Arabie Saoudite, les Emirates Arabe Unies, le Bahrein, le Koeit, le Qatar, Oman, la Jordanie, le Liban, l'Egypte, la Tunisie, l'Algérie et le Maroc. L'échantillon a été divisé en deux classes, la classe des banques conventionnelles et qui comprend 59 banques, et la classe des banques islamiques et qui contient 22 banques.

L'ouvrage est divisé en quatre chapitres avec une introduction générale et une conclusion générale.

Dans le premier chapitre nous avons présenté les concepts généraux et proposer une revue empirique et théorique de la littérature liée à la question de l'efficience.

Dans le deuxième chapitre, nous avons appliqué le modèle DEA pour la mesure de l'efficience technique des banques de la région MENA. Compte tenu de la non-disponibilité des données dans toute la région, nous nous sommes limité à 81 banques appartenant à 12 pays de la région MENA. Nous avons divisé les 81 banques en deux classes, la classe des banques conventionnelles contenant 59 banques appartenant à 11 pays et la classe des banques islamiques comprenant 22 banques appartenant à 7 pays. Pour les deux classes de banques, nous avons choisi trois variables inputs qui sont les Dettes (hormis les capitaux propres), les Charges générales d'exploitation et les Dotations aux amortissements des immobilisations et 2 variables outputs qui sont le Total actif (hormis les immobilisations) et le Produit net bancaire. Les résultats ont été obtenus en appliquant le logiciel DEAP Version 2.1 (Coelli (1996)). Nous avons appliqué la méthode DEA sous l'hypothèse de rendements d'échelle variables et selon l'orientation output.

Concernant les 59 banques conventionnelles, nous avons trouvé que le score moyen de l'efficience-CCR a atteint 90% durant la période 2017-2021. Nous avons aussi constaté que le pourcentage de banques conventionnelles CCR-efficientes est faible, ne dépassant pas les 16%. Les résultats ont montré aussi que Qatar est le seul pays dont les banques conventionnelles sont BCC-efficientes durant les 5 années d'affilé. Les scores d'efficience-CCR du Qatar ont dépassé les 93% durant les 5 années et l'inefficience en moyenne est due surtout à la taille non optimale. Nous avons également comparé l'évolution des scores moyens d'efficiences CCR, BCC et d'Echelle des 59 banques conventionnelles des 11 pays du MENA. Nous avons trouvé que les banques conventionnelles du Qatar ont le score moyen d'efficience-CCR le plus élevé durant la période 2017-2021 atteignant 96,7%. La banque Ahli bank de Qatar est CCR-efficiente durant toute la période et évolue dans une situation de rendements d'échelle constants. Les deux autres banques du Qatar, la Commercial bank of Qatar et la Doha bank sont presque toutes les deux BCC-efficientes et opèrent dans une situation de rendements d'échelle décroissants durant toute la période. Autrement dit, l'inefficience de ces deux banques est due surtout au dépassement de la taille optimale. Pour améliorer leur efficience, les deux banques devaient réduire leur production. Les banques conventionnelles du Maroc et de la Jordanie ont les scores moyens d'efficience-CCR (77,9% et 78,9% respectivement) les plus bas durant 2017-2021. Leur inefficience est due surtout à une taille non optimale d'autre part.

Concernant les 22 banques islamiques, nous avons trouvé que leur score moyen d'efficience-CCR a atteint en moyenne 64% durant 2017-2021. Nous avons aussi constaté que le pourcentage de banques islamiques CCR-efficientes est faible, 14% durant les cinq années de la période, alors que le pourcentage de banques islamiques BCC-efficientes a atteint en moyenne 31% entre 2017 et 2021. Nous avons également trouvé que Qatar est le seul pays dont les banques islamiques sont en moyenne CCR-efficientes durant les 5 années d'affilé. Le score moyen de la CCR-efficience des banques islamiques de Oman ont aussi atteint 100% en 2021 mais avec des scores moyens qui avoisinent 44% de 2017 à 2020.

Les banques islamiques du Maroc ont eu le score moyen de CCR-efficience le plus faible, atteignant en moyenne 36% durant les 5 années. Leur inefficience est due à une gestion perfectible d'une part et à une taille non optimale d'autre part.

Dans le troisième chapitre nous avons évalué les changements de productivité totale des facteurs du secteur bancaire de la région du Moyen-Orient et d'Afrique du Nord (MENA) au cours de la période 2017-2021. A cette fin, l'indice de productivité totale des facteurs de Malmquist dont la mesure est basée sur la méthode Data Envelopment Analysis (DEA) a été utilisé pour évaluer les changements de productivité des banques conventionnelles et islamiques de 12 pays de la région du MENA sur la période 2017-2021. Nous avons divisé les banques en deux catégories, 59 banques conventionnelles appartenant à 11 pays et 22 banques islamiques appartenant à 7 pays. Pour les deux catégories, nous avons appliqué séparément la méthode de l'indice de productivité totale des facteurs de Malmquist basée sur la méthode DEA orientée output.

Nous avons spécifié les mêmes inputs et outputs que dans le deuxième chapitre. Les résultats ont été obtenus en utilisant le logiciel Deap version 2.1 développé par Coelli (1996).

Concernant les banques conventionnelles, les résultats montrent qu'elles ont enregistré un léger progrès de la productivité totale des facteurs sur la période d'étude avec une augmentation de 0,1%, due principalement au progrès technologique avec une augmentation de 0,4% ; ils ont enregistré la plus forte augmentation moyenne de la productivité en 2019-2020 avec une croissance de 3,2 % et la plus forte régression en 2018-2019 avec une baisse de 1,7 %.

Sur la période 2017-2021, nous constatons qu'une banque de l'Egypte a enregistré la plus forte augmentation de productivité avec une augmentation de 19,7%, due principalement au progrès technologique, et une banque du Koweït a enregistré la plus forte baisse de productivité avec une régression de 24,9%.

On a trouvé aussi que sur la période d'étude, 51% des banques classiques ont enregistré une progression de productivité ; les banques d'Egypte ont enregistré en moyenne les plus forts progrès de productivité avec une augmentation de 3,3%, dus principalement au progrès technologique ; les banques du Koweït ont enregistré la plus forte baisse de productivité avec une régression de 5,9%.

Concernant les banques islamiques, les résultats ont montré que sur la période d'étude, elles ont enregistré en moyenne une baisse de productivité avec une régression de 0,9% ; elles ont enregistré en moyenne la plus forte augmentation de productivité sur la période 2019-2020 avec une augmentation de 8,9 %; la plus forte régression avec une baisse de 1,7%.

Nous avons constaté également qu'au cours de la période d'étude, une banque islamique de Oman a enregistré la plus forte augmentation de productivité avec une progression de 36,9% et une banque islamique du Maroc a enregistré la plus forte baisse de productivité avec une régression de 36,3%.

Les résultats ont montré aussi que 64% des banques islamiques ont enregistré une progression de productivité sur la période d'étude et les banques islamiques de Oman ont enregistré la plus forte progression de productivité avec une augmentation de 36,39% ; tandis que les banques islamiques du Maroc ont enregistré la plus forte baisse de productivité avec une régression de 15,3%, due principalement à la régression technologique et à la baisse d'efficience d'échelle.

Dans le quatrième chapitre, nous avons d'abord estimé les scores d'efficience de 59 banques conventionnelles opérant dans la région MENA au cours de la période 2017-2021, et deuxièmement nous avons identifié les déterminants de l'efficience bancaire. Dans la première étape, nous avons appliqué la méthode Data Envelopment Analysis (DEA) orientée output pour évaluer les scores d'efficience technique et d'efficience technique pure et dans la deuxième étape, nous avons appliqué le modèle Tobit en données de panel pour identifier les déterminants de l'efficience bancaire.

Pour le modèle DEA, nous avons spécifié trois inputs à savoir les Dettes hormis les capitaux propres, les Charges générales d'exploitation sans les rotations aux amortissements et aux dépréciations des immobilisations incorporelles et corporelles et les Dotations aux amortissements et aux dépréciations des immobilisations incorporelles et corporelles et deux outputs à savoir le Total actif hormis les immobilisations et le Produit net bancaire

Pour le modèle Tobit en données de panel, nous avons spécifié huit facteurs internes qui sont la rentabilité des actifs (Return on assets : ROA), la taille de la banque (LnSize), l'adéquation du capital (capital adequacy : CA), le ratio de liquidité (Liquidity ratio : LR), le ratio prêt/dépôt (Loans to deposits ratio : LDR), le ratio des prêts non performants (Non performing loans ratio : NPLR), le ratio de dépôts (Deposits ratio : DR), les charges d'exploitation (Operating cost : OC) ; et quatre facteurs externes qui sont l'indice de concentration du marché mesuré par l'indice Herfindahl-Hirschman (HHI), le PIB par habitant (GDP per capital : GDPC), le taux d'inflation (Inflation rate : IR) et le taux de chômage (Unemployement ratio : UR).

Dans une première étape, nous avons appliqué les modèles DEA orientés output pour estimer les scores d'efficience technique et les scores d'efficience technique pure des 59 banques sur la période 2017-2021, en utilisant le logiciel DEAP Version 2.1 (Coelli (1996)).

Dans la deuxième étape, nous avons utilisé les scores d'efficience technique et les scores d'efficience technique pure obtenus dans la première étape comme variables dépendantes pour les régresser sur les 12 variables déterminantes explicatives à l'aide du modèle de régression Tobit en données de panel.

L'exécution du test de Hausman sur la variable dépendante, représentant l'efficience technique, a conduit au choix du modèle Tobit à effets aléatoires. Les résultats de ce modèle montrent que la rentabilité des actifs, l'adéquation des capitaux, le ratio des prêts non performants, le ratio des dépôts, le PIB par capital, le taux d'inflation et le taux de chômage ont un impact positif et significatif ; le facteur des charges d'exploitation a un impact négatif et significatif et la taille de la banque, le ratio de liquidité, le ratio prêt/dépôt et l'indice de concentration du marché ont un impact non significatif sur l'efficience technique.

Concernant le facteur d'efficience technique pure, le test d'Hausman a conduit au choix du modèle Tobit en données de panel à effets fixes. Le résultat de ce modèle révèle que la rentabilité des actifs, la taille de la banque, l'adéquation des capitaux, le ratio prêts/dépôts, le ratio des dépôts, le PIB par capital, le taux d'inflation et le taux de chômage ont un effet positif et significatif sur l'efficience technique pure ; le ratio de liquidité et le facteur des charges d'exploitation ont un impact négatif et significatif sur l'efficience technique pure et le ratio de prêts non performants a un impact non significatif sur l'efficience technique pure .

Nous espérons que cet ouvrage contribuerait au domaine de l'évaluation de l'efficience bancaire, de la mesure des changements de productivité totale et de l'identification des facteurs internes et externes qui affectent positivement ou négativement l'efficience des banques des pays de la région MENA. A notre connaissance c'est le premier travail qui a traité des trois aspects de la performance (efficience, productivité, déterminants) à la fois des banques conventionnelles et islamiques des pays de la région MENA durant la période récente 2017-2021.

Les résultats de cette recherche pourraient apporter une contribution modestement à la littérature croissante sur l'efficience dans le secteur bancaire. Elles guideraient la décision des gestionnaires des banques et des autorités régulatrices pour l'élaboration de politiques financières visant à améliorer l'efficience bancaire.

Les résultats de cette étude donneraient aussi des orientations aux décideurs économiques dans la région MENA pour mesurer l'impact de la l'efficience du secteur bancaire sur l'économie et ses implications en matière de politique.

Comme toutes les recherches sur la mesure de l'efficience bancaire, notre étude a été confrontée à certaines limites et défis, notamment :

- Disponibilité des données : Obtenir des données précises et complètes sur les banques peut être un défi, en particulier dans les pays où les informations financières sont moins accessibles ou moins transparentes.

- Sélection des variables : Le choix des variables à inclure dans le modèle de mesure d'efficience peut être complexe et influencer les résultats. Il peut être difficile de déterminer quelles variables sont les plus pertinentes pour évaluer l'efficience bancaire.
- Problèmes de comparabilité : Les banques opèrent dans des environnements différents et peuvent avoir des structures opérationnelles distinctes. Cela rend la comparaison entre les banques difficile, en particulier pour les banques qui n'ont pas encore adopté les normes comptables internationales.
- Effet des réglementations : Les réglementations bancaires peuvent varier d'un pays à l'autre et avoir un impact significatif sur l'efficience des banques. La prise en compte de ces réglementations dans les modèles d'efficience peut être un défi.
- Changement dans le temps : L'efficience des banques peut fluctuer dans le temps en raison de changements dans l'environnement économique, les politiques monétaires ou les facteurs externes. Il est essentiel de prendre en compte ces variations temporelles pour obtenir des résultats précis.
- Effet de l'endogénéité : Certains déterminants de l'efficience bancaire peuvent être endogènes, c'est-à-dire qu'ils sont influencés par l'efficience elle-même. Cette endogénéité peut biaiser les résultats de la recherche.
- Choix de la méthode d'évaluation de l'efficience : Il existe différentes méthodes pour évaluer l'efficience bancaire, mesurer les changements de productivité totale et identifier les déterminants de l'efficience, telles que les approches paramétriques et non paramétriques. Le choix de la méthode peut influencer les résultats obtenus.

Malgré ces limites, la recherche sur la mesure des différents aspects de l'efficience bancaire reste essentielle pour comprendre et améliorer les performances des institutions financières, ce qui a un impact significatif sur l'économie globale. En prenant en compte ces défis et en utilisant des approches robustes, les chercheurs peuvent apporter des contributions précieuses au domaine de la gestion bancaire et des politiques financières.

Les méthodes de mesure de l'efficience bancaire sont en constante évolution pour répondre aux défis croissants du secteur financier et aux demandes de précision accrue dans l'évaluation de la performance des banques. Les perspectives futures de ces méthodes sont prometteuses et incluent les développements suivants :

1. Utilisation de méthodes avancées d'analyse des données : Les avancées en matière d'analyse de données, telles que l'apprentissage automatique et l'intelligence artificielle, permettent d'améliorer la précision des modèles d'efficience bancaire. Ces méthodes peuvent traiter des ensembles de données massifs et complexes, identifiant ainsi des relations et des tendances subtiles qui pourraient échapper aux méthodes traditionnelles.
2. Approches basées sur les frontières stochastiques : Les modèles de frontière stochastique permettent de prendre en compte les variations aléatoires qui influencent la performance des banques, offrant ainsi une meilleure compréhension des sources d'inefficience. Ces approches permettent également de considérer les incertitudes économiques et financières qui peuvent affecter la performance des banques.
3. Intégration des facteurs environnementaux et sociaux : Les méthodes futures de mesure de l'efficience bancaire pourraient prendre en compte les facteurs environnementaux, sociaux et de gouvernance (ESG). En intégrant ces éléments, on peut mieux évaluer la durabilité et la responsabilité des pratiques bancaires, allant au-delà des aspects purement financiers.
4. Approches basées sur les réseaux et l'interconnexion : Les banques et les systèmes financiers sont de plus en plus interconnectés. Les futures méthodes d'efficience pourraient prendre en compte les interactions entre les institutions financières pour évaluer l'efficience globale du système bancaire.
5. Analyse comparative internationale : L'efficience bancaire varie d'un pays à l'autre en raison de différences structurelles, réglementaires et économiques. Les futures méthodes pourraient se concentrer davantage sur des analyses comparatives internationales pour mieux comprendre les meilleures pratiques et les enseignements à tirer des différents contextes nationaux.
6. Évaluation de l'impact des technologies financières : L'avènement des technologies financières (fintech) transforme l'industrie bancaire. Les futures méthodes d'évaluation de l'efficience devraient tenir compte de l'impact de ces innovations sur la performance des banques et sur leur capacité à fournir des services financiers de manière efficace.
7. Approches multidimensionnelles de l'efficience : L'efficience bancaire peut être évaluée sous différents angles, tels que l'efficience opérationnelle, l'efficience économique, l'efficience allocative et l'efficience technologique. Les perspectives pourraient explorer des

approches multidimensionnelles pour obtenir une vue globale et équilibrée de l'efficience des banques.

En somme, les perspectives des méthodes de mesure de l'efficience bancaire sont très dynamiques et promettent de fournir des outils toujours plus sophistiqués pour évaluer la performance du secteur bancaire dans un contexte en perpétuelle évolution. Ces développements permettront aux banques, aux régulateurs et aux décideurs politiques de prendre des décisions plus éclairées et de promouvoir une efficience durable dans le secteur financier.

Bibliographie

Aasri A. R., Lkoyaali B. (2021). Efficiency of Moroccan banks: A Data Envelopment Analysis approach. International Journal of Accounting, Finance, Auditing, Management and Economics. Volume 2, Issue 4 (July, 2021), pp.585-596. ISSN: 2658-8455.

Abd Karim M.Z., Chan SG., Salahuddin H. (2010). Bank Efficiency and Non-Performing Loans: Evidence from Malaysia and Singapore. Prague Economic Papers 2010(2):118-132.

Adusei M. (2016). Determinants of bank technical efficiency: Evidence from Rural and Community banks in Ghana. Cogent Business & Management, pp. 1-15.

Afriat S. N. (1972). Efficiency estimation of production functions. International Economic Review, 13(3), 568-598.

Aigner D. J. and Chu S. F. (1968). On Estimating the Industry Production Function. The American Economic Review. Vol. 58, No. 4 (Sep., 1968), pp. 826-839.

Aigner D. J., Lovell C. A. K., Schmidt, P. (1977). Formulation and estimation of stochastic frontier production function models. Journal of Econometrics, 6(1), 21-37.

Alber N., Attia H. (2022). Bank Efficiency, Competition and Concentration in MENA Region Countries: A Granger Causality Approach. European Journal of Business and Management Research, 2022.7.6.1688 Vol 7 | Issue 6 | November 2022.

Alexakis C., Izzeldin M., Johnes J., Pappas V. (2019). Performance and productivity in Islamic and conventional banks: Evidence from the global financial crisis. Economic Modelling. Volume 79, June 2019, Pages 1-14.

Ali A., Seiford M. (1993). The Mathematical Programming Approach to Efficiency Analysis. In Fried HO and SS Schmidt (eds.). The

Measurement of Productive Efficiency: Techniques and Applications, Oxford U.K.: 120-159.
Alipour H., Gholamreza M., Shafieyan M., Rezaeyan S. (2018). Performance Evaluation of Bank Branches by the DEA Tobit Model: The Case of Agricultural Bank Branches in Guilan Province. Iranian Journal of Optimization. Volume 10, Issue 2, 2018, 113-124.
Alrafadi K.M.S. (2020). Efficiency and Determinants in Libyan Banks. Archives of Business Review – Vol.8, No.4.
Apergis N., Polemis M.L. (2016). Competition and efficiency in the MENA banking region: a non-structural DEA approach. Applied Economics, DOI: 10.1080/00036846.2016.1176112.
Bahrini R. (2017). Efficiency Analysis of Islamic Banks in the Middle East and North Africa Region: A Bootstrap DEA Approach. International journal of financial studies. 2017, 5(1), 7; https://doi.org/10.3390/ijfs5010007.
Banker R., Charnes R., Cooper W. (1984). Some Models for Estimating Technical and Scale Inefficiencies in Data Envelopment Analysis. Management Science vol. 30, pp. 1078-1092.
Banker R., Charnes R., Cooper W. (1984). Some Models for Estimating Technical and Scale Inefficiencies in Data Envelopment Analysis. Management Science vol. 30, pp. 1078-1092.
Basri M.F, Amirul A.M., Nizam J.M (2018). The efficiency of Islamic banks in Malaysia: Based on DEA and Malmquist productivity index. Journal of Emerging Economies & Islamic Research 6(3) 2018, 15 – 27.
Baten A., Kasim M. M, Rahman M. (2015). Efficiency and Productivity Change of Selected Online Banks in Bangladesh: A Non-parametric Malmquist Approach. J Internet Bank Commer, 20, 121. https://doi.org/10.4172/2165-7866.1000121.
Batir T. E., Volkman D., Gungor B. (2017). Determinants of bank efficiency in Turkey: Participation banks versus conventional banks. Borsa Istanbul Review, Vol.17, No.2, 86-96.
Becker D., Gattoufi S., Kumar J. et Sander M., (2011): deabib.org - a bibliography about data envelopment analysis (DEA), v0.8.1 (http://www.deabib.org/deabib.pdf).
Bekakria I. . Azzouz S. (2020). Etude comparative entre l'efficience des Banques islamiques et des banques conventionnelles : Méthode DEA. Revue des sciences commerciales et de gestion. Volume 16, Numéro 1, Pages 78-96. 2020-12-31.

Berger A. N., Humphrey D. B. (1992). Measurement and Efficiency Issues in Commercial Banking. In Z. Griliches (ed.), Output Measurement in the Service Sectors, National Bureau of Economic Research Studies in Income and Wealth, Chicago, IL, University of Chicago Press, Vol. 56, pp. 245-279.

Berger A.N., Humphrey D.B. (1997). Efficiency of financial institutions. International surveys and directions for future research. European Journal of Operational Research, vol. 98, pp 175-212.

Berger Allen N., Bonaccorsi di Patti Emilia, 2006. Capital structure and firm performance: A new approach to testing agency theory and an application to the banking industry, Journal of Banking & Finance, Elsevier, vol. 30(4), pages 1065-1102, April.

Catalbas G.K., Atan M. (2005). Efficiency in banking and the effect of capital structure efficiency in banks. Journal of Economics Business and Finance, 20(237), 49-62.

Caves D.W., Christensen L.R., Diewert W.E. (1982). The economic theory of index numbers and the measurement of input, output, and productivity. Econometrica, 50(6), 1982, 1393-1414.

Chansarn S. (2014). Total factor productivity of commercial banks in Thailand. International Journal of Business & Society, 15(2), 215-234.

Charnes A., Cooper W. W., Golany B., Seiford L., Stutz J. (1985). Foundations of data envelopment analysis for Pareto-Koopmans efficient empirical production functions. Journal of Econometrics, 30(1-2), 91-107.

Charnes A., Cooper W. W., Lewin A. Y., Seiford L. M. (1995). Data envelopment analysis: Theory, methodology, and applications. Springer Science & Business Media.

Charnes A., Cooper W. W., Seiford L. M., Stutz, J. (1983). A bibliography of data envelopment analysis (1978-1982). Annals of Operations Research, 2(1), 393-438.

Charnes A., Cooper W., Rhodes E. (1979). Short Communication: Measuring the Efficiency of Decision Making Units. EJOR: 339.

Charnes, A., Cooper, W.W., Rhodes, E. (1978). Measuring the Efficiency of Decision Making Units. European Journal of Operational Research, 2, 429-444.

Coelli T. (1996). A computer program for stochastic frontier production and cost function estimation, Centre for Efficiency and Productivity Analysis (CEPA). (Working Paper 96/07).

Coelli T., Rao D., O'Donnell C., Battese G. (2005). An introduction to efficiency and productivity analysis. Springer(2nd), Science plus Business Media, Inc. 2005.
Cook W. D., Zhu J. (2014). Data Envelopment Analysis. A Handbook on the Modeling of Internal Structures and Networks. Research & Management Science. Springer Science+Business Media New York 2014.
Cooper W., Seiford L., Tone K. (2002). Data envelopment analysis: A comprehensive text with models, applications, references and DEA-solver software. Boston: Kluwer Academic Publishers.
Cooper W., Seiford L., Tone K. (2002). Data envelopment analysis: A comprehensive text with models, applications, references and DEA-solver software. Boston: Kluwer Academic Publishers.
Dharmendra S., Bashir A. F. (2015). Technical efficiency and its determinants: an empirical study on banking sector of Oman. Problems and Perspectives in Management, 13(1), pp. 168-175.
Eisazadeh S., Shaeri Z. (2012). An analysis of bank efficiency in the MENA. The International Journal of Banking and Finance, Volume 9 (Number 4) 2012: pages 28-47.
Färe R., Grosskopf S., Lindgren B., Roos P. (1992). Productivity developments in Swedish Pharmacies: A non-parametric Malmquist approach. Journal of Productivity Analysis, 3, 85-101.
Fare R., Grosskopf S., Lovell C. A. K. (1985). The Measurement of Efficiency of Production. Boston: Kluwer-Nijhoff Publishing.
Fare R., Grosskopf S., Norris M., Zhang Z. (1994). Productivity Growth, Technical Progress, and Efficiency Change in Industrialized Countries. American Economic Review, March 1994, 84(1), pp. 66-83.
Farrell M. J. (1957). The Measurement of Productive Efficiency. Journal of the Royal Statistical Society. Series A (General), Vol. 120, No. 3 (1957), pp. 253-290.
Farrell M. J. (1957). The Measurement of Productive Efficiency. Journal of the Royal Statistical Society: Series A. Volume120, Issue3. Pages 253-281.
Garamu G. (2016). Technical efficiency and productivity of Ethiopian commercial banks: data envelopment analysis (DEA) approach. International Journal of Scientific and Research Publications, 6(9), 860-864.
Garza-Garcia J.G. (2012). Determinants of bank efficiency in Mexico: A two-stage analysis. Applied Economics Letters 19(17):1679-1682.

Gonsard H., Gonsard B. (1999). L'efficience coût et l'efficience profit des établissements de crédit français depuis 1993. Bulletin De La Commission Bancaire, 20, 25 -35.
Green W. H. (1980). On the estimation of production frontier: A reply. Journal of Econometrics, 13(1), 89-92.
Havidz S.A.H., Setiawan C. (2015). Bank Efficiency and Non-Performing Financing (NPF) in the Indonesian Islamic Banks. Asian Journal of Economic Modelling, 2015, 3(3): 61-79.
Huichen J., Yifan H. (2018). Applying Data Envelopment Analysis in Measuring the Efficiency of Chinese Listed Banks in the Context, of Macroprudential Framework. Mathematics 2018, 6, 184; doi:10.3390/math6100184.
Hwang S. N., Lee H. S., Zhu J. (2016). Handbook of Operations Analytics Using Data Envelopment. International Series in Operations Research & Management Science. Springer Science+Business Media New York 2016.
Ignacio J.H, Palazzo G., Francisco J.S-F (2019).. Determinants of bank efficiency: evidence from the Latin American banking industry. Applied Economic Analysis , Open Access Issue(s) available: 13 – From Volume: 27 Issue: 79, to Volume: 31 Issue: 91.
Irini K. (2018). Albanian Banking Sector Productivity Using Malmquist Index Research Journal of Finance and Accounting www.iiste.org. ISSN 2222-1697 (Paper) ISSN 2222-2847 (Online). Vol.9, No.12, 2018.
Isik I., Hassan M. K. (2002). Technical, scale and allocative efficiencies of Turkish banking industry. Journal of Banking & Finance, 26(4), 719-766.
Isik I., Hassan M. K. (2003). Efficiency, ownership and market structure, corporate control and governance in the Turkish banking industry. Journal of Business Finance & Accounting, 30(9e10), 1363-1421.
Isik I., Kulali I., Agcayazi-Yilmaz B. (2016). Total Factor Productivity Change in the Middle East Banking: The Case of Jordanian Banks at the Turn of the Millennium. International Journal of Research in Business and Social Science (2147- 4478), 5(3), 1–29. https://doi.org/10.20525/ijrbs.v5i3.296.
Ismail F., Abd Majid M.S., Rossazana R. (2013). Efficiency of Islamic and conventional banks in Malaysia. Journal of Financial Reporting and Accounting, 11(1), 92-107.

Iveta Řepková (2015). Banking Efficiency Determinants in the Czech Banking Sector. Procedia Economics and Finance 23 191-196.
Johnes J., Izzeldin M., Pappas V. (2012). A comparison of performance of Islamic and conventional banks 2004 to 2009.Working Papers 12893801, Lancaster University Management School, Economics Department.
Joro T., Korhonen P., Wallenius J. (1998). Structural comparison of data envelopment analysis and multiple objective linear programming. Management Sci. 40, 962-970. Journal of Productivity Analysis 5:171-180.
Jreisat A., Hassan H. (2016). Productivity change of the Egyptian banking sector: a two stage non-parametric approach. Topics in Middle Eastern and North African Economies, 18. J. Quant. Econ. 2021, 19, 653–701.
Jubilee R. V. W, Kamarudin F., Hafezali I. H., Razman A. L, Nurazilah Z. (2020). Analysis of Total Factor Productivity Changes in Islamic and Conventional Banks: Empirical Evidence from Three Regions. International Journal of Management and Sustainability2020 Vol. 9, No. 3, pp.161-180.
Khalad M.S., Mazila M.Y. (2014). Efficiency and Determinants in Libyan Banking. International Journal of Business and Social Science, 5(5), pp. 156-168.
Koopmans T. C. (1951). An Analysis of Production as an Efficient Combination of Activities. In T. C. Koopmans (Ed.), Activity Analysis of Production and Allocation, Cowles Commission for Research in Economics, Monograph No. 13 (pp. 33-97). Wiley.
Laporšek S., Trunk A., Stubelj I. (2022). Productivity Change in European Banks in the Post-Crisis Period. Systems 2022, 10, 186. https://doi.org/10.3390/systems10050186.
Lema T. Z. (2016). Productivity change of Ethiopian banks: a Malmquist productivity index approach: Journal of Economics and Sustainable Development, 7(21), 14-20.
Lera D. D., Rao P. H. (2016). Total factor productivity change of the Ethiopian banking sector: a Malmquist productivity index approach (MPI). PARIPEX-Indian Journal of Research, 5(1).
Malmquist S. (1953). Index numbers and indifference curves. Trabajos de Estatistica, 4-1, 1953, 209-242.
Mariani A., Saal D., Battisti G. (2010). Efficiency in Islamic and conventional banking: an international comparison. Journal of Productivity Analysis, 2010, vol. 34, issue 1, 25-43.

Moh'd M.A., Mohammad W.H., Waleed H. (2011). The Relative Efficiency of Jordanian Banks and its Determinants Using Data Envelopment Analysis. Journal of Applied Finance & Banking, 1(3), pp. 33-58.

Muvingi J., Hotera S. (2015). Zimbabwe commercials banks efficiency and productivity analysis through DEA Malmquist approach 58; 2002-2012. Data Envelopment Analysis and Decision Science, 1, 32-49. https://doi.org/10.5899/2015/dea-00090.

Naceur S., Ben-Khedhiri H., Casu B. (2009). What drives efficiency of Selected MENA banks? a meta-frontier analysis. Working Paper Series No. 03, Cass Business School.

Naufal F.M., Firdaus A. (2018). Efficiency Analysis of Sharia Rural Banks (BPRS) for Jabodetabek Region Using Two Stage Data Envelopment Analysis Approach (Dea). Equilibrium: Jurnal Ekonomi Syariah, 5(2), 196.

Nisar S., Peng K., Wang S., Nadeem A.B. (2018). The Technical Efficiency of South Asian Commercial Banks and the Effects of Income Diversification. International Journal of Information and Management Sciences 29 (2018), 279-302.

Ntchabet A.Y.M, Menyeng C.B. (2020). Les déterminants de la performance financière des banques commerciales au Cameroun : une étude en panel. Revue Internationale des Sciences de Gestion. Volume 3 :Numéro 3. pp : 818 - 848.

Otaviya S., Rani L. (2020). Productivity and its determinants in Islamic banks: evidence from Indonesia. Journal of Islamic Monetary Economics and Finance, 6(1), 189-212. https://doi.org/10.21098/jimf.v6i1.1146.

Pambuko Z.B. (2016). Determinants of the Efficiency Level of Islamic Banking in Indonesia: Two Stages Data Envelopment Analysis. Cakrawala: Jurnal Studi Islam, 11(2), 178–194.

Parsons L.J. (1994). Productivity versus relative efficiency in marketing : past and future? , in Laurent G., Lilien G. et Pras B. (dir.), Research Traditions in Marketing, International series in quantitative marketing, Berlin, EIASM/Kluwer Academic Publishers, p. 169-196.

Pasiouras F. (2008). Estimating the technical and scale efficiency of Greek commercial banks: The impact of credit risk, off-balance sheet activities, and international operations. Research in International Business and Finance, Vol.22, 301-318.

Pasiouras F., Sifodaskalakis E., Zopounidis C. (2007). Estimating and analysing the cost efficiency of Greek cooperative banks: an application

of two-stage data envelopment analysis. University of Bath School of Management Working Paper No. 12.
Pratt J. W. (1964). Risk Aversion in the Small and in the Large. Econometrica, 32(1/2), 122-136.
Quandt R. E. (1973). Frontiers of Quantitative Economics. North-Holland Publishing Company.
Randi A., Irene R.D.P. Pangestusti D., Eriesta N.P. (2021). Determinants of Bank Efficiency in ASEAN5: Size as a Control Variable. Universal Journal of Accounting and Finance 9(4): 542-547.
Reshampal K., Aggarwal M. (2017). Malmquist Total Factor Productivity Index with an Illustrative Application to Indian Public Sector Banks. International Journal of Applied Business and Economic Research volume 15, Number 22 (Part 2). ISSN: 0972-7302.
Rhodes E. L. (1978). Data Envelopment. Analysis and Related Approaches for Measuring the Efficiency of Decision-Making Units with an Application to Program Follow Through in U.S. Ph.D. thesis, (Pittsburgh: Carnegie-Mellon University School of Urban and Public Affairs).
Riani D., Denia M. (2021). Determinants of Banking Efficiency for Commercial Banks in Indonesia: Two-Stage Data Envelopment Analysis. Integrated Journal of Business and Economics, vol. 5, no. 3.
Richmond J. (1974). Estimating the deterministic frontier production function. Journal of Econometrics, 2(2), 111-120.
Rizk S. (2022). Efficiency in the MENA banking industry, the stochastic frontier approach. Financial Markets, Institutions and Risks, Volume 6, Issue 2, 2022 ISSN– 2521-1242 ISSN- 2521-1250.
Rosyiqoh H.L. (2015). Determinants of the Efficiency Level of Sharia Commercial Banks in Indonesia (Two Stage Dea Approach). Accounting Analysis Journal, 4(3).
Saad W., El-Moussawi C. (2009). Evaluating the Productive Efficiency of Lebanese Commercial Banks: Parametric and Non-Parametric Approaches. International Management Review, Vol. 5, No. 1, 5-15.
Shah A.A., Wu D., Korotkov, V. (2019). Are Sustainable Banks Efficient and Productive? A Data Envelopment Analysis and the Malmquist Productivity Index Analysis. Sustainability 2019, 11, 2398.
Sherman H. D., Gold F. (1985). Bank branch operating efficiency: Evaluation with data envelopment analysis. Journal of Banking & Finance, 9(2), 297-315.
Sufian F., Noor M. (2009). The determinants of Islamic bank's efficiency changes: empirical evidence from MENA and Asia.

International Journal of Islamic and Middle Eastern Finance and Management, Vol.2, No.1, 120-138.
Suvita J., Xiaofeng H., Sun B. (2013). Commercial Banking Efficiency in Nepal: Application of DEA and Tobit Model. Information Technology Journal, 12: 306-314.
Syaputra R., Abidin Z. (2022). Performance Analysis Of Regional Development Efficiency Banks In Indonesia Using Data Envelopment Analysis (DEA) Approach. American International Journal of Business Management (AIJBM) ISSN- 2379-106X, www.aijbm.com Volume 5, Issue 01 (January-2022), PP 134-140.
Tadesse Z.L. (2016). Productivity Change of Ethiopian Banks: A Malmquist Productivity Index Approach. Journal of Economics and Sustainable Development. Vol.7, No.21.
Tahi A., Djebbouri M., Benzai Y. (2020). Assessing the efficiency of Islamic and conventional banks in the MENA banking system: Data Envelopment Analysis DEA investigation. International Journal of Innovation and Applied Studies ISSN 2028-9324 Vol. 30 No. 1 Jul. 2020, pp. 414-426.
Tan Y., Floros C. (2013). Risk, Capital and Efficiency in Chinese Banking. Journal of International Financial Markets, Institutions and Money, 26, 378-393.
Tarek E., Ahmed F., Wael M., Hager H.M.A. (2015). The Financial Determinants of Operating Efficiency for Low and High Competitive Banks in Egypt. Journal of Finance and Bank Management, 13(2), pp. 07-23.
Tesfaye T. (2016). Determinants of Commercial Banks Efficiency: Evidence from Selected Commercial Banks of Ethiopia. International Journal of Scientific and Research Publications, 6(5), pp. 551-556.
Thayaparan A., Pratheepan T. (1941). Evaluating total factor productivity growth of commercial banks in Sri Lanka: an application of Malmquist index. Journal of Management Research, 6(3), ISSN 1941-899X. https://doi.org/10.5296/jmr.v6i3.5513.
Timmer C. P. (1971). Using a Probabilistic Frontier Production Function to Measure Technical Efficiency. Journal of Political Economy, University of Chicago Press, vol. 79(4), pages 776-794, July-Aug.
Titko J., Stankevičienė J., Lāce N. (2014). Measuring bank efficiency: dea application. Technological and economic development OF ECONOMY. ISSN 2029-4913 /2029-4921. 2014 Volume 20(4): 739–757.

Tobin J. (1958). Estimation of relationships for limited dependent variables. Econometrica, 26(1), pp. 24-26.
Törnqvist, L. (1936). The Bank of Finland's Consumption Price Index. Bank of Finland Monthly Bulletin 10, 1-8.
Tossa Y.A.K. (2016). Estimating and analyzing the technical efficiency of banks in Ghana. The International Journal of Business and Finance Research. Vol. 10, No. 4, 2016, pp. 73-90.
Varesi L. (2015). Measuring the productivity of a mainly foreign owned banking sector using non-parametric approach; Case of Albania. The 2015 WEI International Academic Conference Proceedings, Athens, Greece, 37-56.
Venkatraman N. and Vasudevan R. (1986). Measurement of Business Performance in Strategy Research: A Comparison of Approaches. The Academy of Management Review, Vol. 11, No. 4, (Oct., 1986), pp. 801-814.
Yidersal D.D., Wang M. (2018). Drivers of Technical Efficiency of Ethiopian Commercial Banks: DEA Approach & Tobit Model. Research Journal of Finance and Accounting.Vol.9, No.4.

Table des matières

Revue « Marché et Organisations »

Promouvoir la recherche originale sur les relations de plus en plus étroites entre le marché et les organisations. Les acteurs économiques de taille, de puissance et de pouvoir différents dont les intérêts peuvent être convergents, complémentaires ou, le plus souvent, antagoniques, ont tendance à organiser les marchés. La raison du marché, pourtant, est la référence stratégique pour l'entreprise ainsi que pour les institutions publiques de décision économique.

N°6 : Entrepreneuriat et accompagnement. Outils, actions et paradigmes nouveaux, 2008
N°7 : Développement durable des territoires. Economie sociale, environnement et innovations, 2008
N°8 : Développement durable et responsabilité sociale des acteurs, 2009
N°9 : Gouvernance : exercices de pouvoir, 2009
N°10 : Le travail collaboratif. Une innovation générique, 2009
N°11 : Economie sociale et solidaire. Nouvelles trajectoires d'innovations, 2010
N°12 : Relations à la marque et marques de la relation. Regards croisés sur le management relationnel de la marque, 2010
N°13 : Les contrats au service de la recherche ?, 2011
N°14 : Le potentiel économique de l'Afrique subsaharienne, 2011
N°15 : Management de la distribution, 2012
N°16 : Territoire Vert. Entreprises, Institutions, Innovations, 2012
N°17 : Eco-conception, conception et innovation. Les nouveaux défis de l'entreprise, 2013
N°18 : Intelligence économique : entreprises et territoires, 2013
N°19 : La finance globale. Un monde fini, 2013
N°20 : La crise du « développement », 2014
N°21 : La Chine innove. Politiques publiques et stratégies d'entreprise, 2014
N°22 : Go East! Nouvelles Economies de Marché, 2015
N°23 : L'économie du changement, 2015
N°24 : Le temps des artisans. Permanences et mutations, 2015
N°25 : Innovations de proximité et esprit d'entreprise, 2016
N°26 : L'avenir des économies du Maghreb : entre inertie structurelle et envie de rupture, 2016/3 (n° 27)
N°27 : Le sport aux frontières du marché du travail, 2016
N°28 : Dynamiques internationales des entreprises, 2017
N°29 : L'univers du risque, 2017
N°30 : Les petites entreprises dans l'histoire industrielle, 2017
N°31 : Economie sociale et *social business* ? Au défi d'entreprendre et se financer, 2018
N°32 : Éducation et fertilisation des économies africaines, 2018
N°33 : L'entrepreneuriat innovant dans les pays du Maghreb, 2018
N°34 : L'entrepreneuriat scientifique : institutions et innovation, 2019
N°35 : Le champ économique de la culture, 2019
N°36 : Economie sociale et solidaire ? Modèles d'innovation et modes de gouvernance, 2019
N°37 : Rethinking Luxury Business, 2020
N°38 : La santé connectée. Nouvelles technologies et réorganisation des soins, 2020
N°39 : Options stratégiques et systèmes complexes d'innovation, 2020
N°40 : Les services : intégration des systèmes productifs et lien social, 2021
N°41 : Crise pandémique, crise globale. Réalité et controverses théoriques, 2021
N°42 : La crise de la covid-19. Le marché et les organisations en perspective, 2021
N°43 : (Re)faire système. *Bug & reset*, 2022
N°44 : Aléas du marché et management du risque, 2022
N°45 : Le renouveau du transport et de la logistique : les systèmes d'information, 2022
N°46 : Entrepreneuriat et innovation dans l'enseignement supérieur, 2023
N°47 : Le tourisme créatif. Culture, créativité, patrimoine, management, 2023
N°48 : L'Afrique : questions de performances, 2023
N°49 : *Fintech* en sciences du management, 2024

https://www.cairn.info/revue-marche-et-organisations.htm

Collection « L'esprit économique »

fondée par Sophie Boutillier et Dimitri Uzunidis en 1996

Dernières parutions

► ***Série Economie et Innovation***
T. MICHAUD, *Le projet spatial européen, entre pragmatisme et imagination*, 2020.
J.-P. SCHMITT, N. RAVIDAT, *Management conjoint de la technologie et de la personne. Pour performer et croitre*, 2020.
Y. EL YAHYAOUI, *Economie des plateformes numériques. Captation de la valeur, pouvoir de marché et communs collaboratifs*, 2021.
G. DUTHIL, *Handicap et insertion professionnelle*, 2022.
T. MICHAUD, *La science-fiction institutionnelle*, 2023.
► ***Série Le Monde en Questions***
J. PIERRE-JUSTIN VIRAPATIRIN, *La petite économie insulaire de la Guadeloupe. Bilan, enjeux et perspectives*, 2022.
K. ESSAF, *Les Sukuk : aspects théoriques, rendement et risques*, 2022.
C. GALLOUJ, S. GALLOUJ, *Grande distribution non alimentaire au Maroc. GSS, grands magasins, malls, franchises et e-commerce*, 2023.
C. SARI, *Valeur relative de la monnaie et taux de change. Vers la fin de l'étalon dollar ?*, 2023.
G. DUTHIL, N. POLINI, *La Défense nationale*, 2023.
A. DAGHER, *La crise financière du Liban : taux de change, FMI, politique monétaire*, 2023.
G. BAYOH, *Ecosystème des transferts internationaux d'argent et développement durable : Contraintes et solutions*, 2024.
► ***Série Krisis***
M. WIELEZYNSKI, *La loi du marché post-esclavagiste. Une approche critique*, 2023.
G. MINART, *Condorcet économiste : un libéralisme économique au service du bien public*, 2023.
A. MANRAY, *Petit traité de gouvernance à l'usage des despotes éclairés*, 2024.
B. LANDAIS, *Théorie générale de la croissance économique et du développement*, 2024.
► ***Série Clichés***
S. BOUTILLIER, D. UZUNIDIS (dir.), *La Russie européenne. Du passé composé au futur antérieur*, 2008.
R. VOLPI, *La négociation. Pain, paix, liberté*, 2009.
B. S. BONBON, *Géométrie parabolique tridimensionnelle ou perspective parabolique*, 2023.
S. BOUTILLIER, B. LAPERCHE, S. T. K. LE, *Ports industriels en transition : De l'économie circulaire à la décarbonation*, 2024.
► ***Série Cours Principaux***
A. MBULI LANDU, *Le memo d'un comptable. Approche par le SYSCOHADA révisé*, 2021.
M. EL KARRIM, *Introduction à l'économétrie appliquée*, 2022.
Z. FIRANO, *Fondements de la finance de marché. Théories et applications*, 2022.
Y. KEHO, *Introduction à l'économétrie appliquée sous EVIEWS, Rappels de cours et illustrations pratiques*, 2023.
K. AMZILE, *Intelligence artificielle et modélisation du risque de crédit*, 2023.
B. LANDAIS, *Macroéconomie. Les fondamentaux*, 2024.
A. KATFI, O. EL MNOUER (dir.), *Mathématiques financières. Cours d'initiation et exercices corrigés*, 2024.
► ***Série L'économie formelle***
J. LATREILLE, *Sale temps pour l'économie marchande*, 2021.
J. LATREILLE, *Escronomistes ! Ces théories qui abîment le monde*, 2022.
M. FOUQUIN, *Dettes publiques à long terme et souveraineté nationale : enseignements des crises du XIIe au XXIe siècle*, 2023.
J.-P. ROSELLO, *Marchés financiers, capital financier et crises systémiques*, 2024.
J.-L. VILLOUTREIX, *L'eau coule à Aguad : un conte économique*, 2024.
B. MEUNIER, *L'insoutenable dette publique de la France*, 2024.

Structures éditoriales du groupe L'Harmattan

L'Harmattan Italie
Via degli Artisti, 15
10124 Torino
harmattan.italia@gmail.com

L'Harmattan Hongrie
Kossuth l. u. 14-16.
1053 Budapest
harmattan@harmattan.hu

L'Harmattan Sénégal
10 VDN en face Mermoz
BP 45034 Dakar-Fann
senharmattan@gmail.com

L'Harmattan Cameroun
TSINGA/FECAFOOT
BP 11486 Yaoundé
inkoukam@gmail.com

L'Harmattan Burkina Faso
Achille Somé – tengnule@hotmail.fr

L'Harmattan Guinée
Almamya, rue KA 028 OKB Agency
BP 3470 Conakry
harmattanguinee@yahoo.fr

L'Harmattan RDC
185, avenue Nyangwe
Commune de Lingwala – Kinshasa
matangilamusadila@yahoo.fr

L'Harmattan Congo
219, avenue Nelson Mandela
BP 2874 Brazzaville
harmattan.congo@yahoo.fr

L'Harmattan Mali
ACI 2000 - Immeuble Mgr Jean Marie Cisse
Bureau 10
BP 145 Bamako-Mali
mali@harmattan.fr

L'Harmattan Togo
Djidjole – Lomé
Maison Amela
face EPP BATOME
ddamela@aol.com

L'Harmattan Côte d'Ivoire
Résidence Karl – Cité des Arts
Abidjan-Cocody
03 BP 1588 Abidjan
espace_harmattan.ci@hotmail.fr

Nos librairies en France

Librairie internationale
16, rue des Écoles
75005 Paris
librairie.internationale@harmattan.fr
01 40 46 79 11
www.librairieharmattan.com

Librairie des savoirs
21, rue des Écoles
75005 Paris
librairie.sh@harmattan.fr
01 46 34 13 71
www.librairieharmattansh.com

Librairie Le Lucernaire
53, rue Notre-Dame-des-Champs
75006 Paris
librairie@lucernaire.fr
01 42 22 67 13

www.ingramcontent.com/pod-product-compliance
Lightning Source LLC
LaVergne TN
LVHW080936071026
849535LV00013B/4223